「ひとり」で月収100万円を稼ぐ
20の方法

ひとり起業家
大辞典

自分は何者なのか

まえがき

たくさんの本の中から本書を手に取っていただき、ありがとうございます。

本書は自分でビジネスをしたいけれど、何から始めていいのかわからない・何をしたらいいかわからないという方や、今自分で起業しているものの、なかなか売上が上がらないという方に向けた書籍です。

最近では、終身雇用の崩壊・年金2000万円問題・退職金の減少・ＡＩ化による人員削減など、一昔前のように会社が守ってくれる時代は終わりを告げました。

自分で自分を守る時代、つまり自分の力でお金を生み出さなければならない時代に突入しています。

今、会社に属しているのなら、将来に漠然と不安を抱えているかもしれません。自分でビジネスをしていても、「このままやっていけるのか」と目に見えない恐怖と毎日闘っているかもしれません。

現状から抜け出すための方法を既に模索している人も多いでしょう。ＳＮＳの普及で、他人の活躍を目にする機会も増えました。ネット上での発信を見て、「自分も何かやってみたい」「このままではダメだ」「変わりたい」そんな思いを持つきっかけもできました。しかし、何から始めていいかわからず、結局行動するに至らないのはよくある話です。本書を手に取っていただいたあなたには、そうなってほしくありません。

本書では、２０名のひとり起業家の活動が、赤裸々に書かれています。

●どういうキッカケで起業したのか
●今のビジネスとの出会い
●今のビジネスを選択した理由
●月収１００万円を超え続けるための考え方やコツ
●コロナ禍でも売上が伸びている理由

今の状況からブレイクスルーするためには、料理と同じで「レシピ」が必要です。レシピは成功者の「今」にあるのではなく、「過去」に眠っています。単に起業するだけでなく、軌道に乗るためにどんな工夫をし、どんなことにフォーカスしたのか？どんな行動をしたのか？

こういったレシピを本書で手に入れてください。

「他人のサクセスストーリーでしょ?」と斜め（ななめ）に見ているだけでは何も得られません。「この人から何を学ぶのか?」を考えながら読んで欲しいのです。

２０名の仕事は多種多様です。あなたが興味のある仕事が見つかるかもしれません。全員に共通しているのは、社員を雇わず、「ひとり」でビジネスをしている点です。人件費やオフィスの賃料など、大きな固定費がかからないのがひとり起業のメリットです。つまり、小さなリスクでチャレンジできます。

そう、**ひとり起業は本気でやろうと思えば誰でもできる**のです。

この本を読んで、著者の働き方・生き方・考え方・仕事内容などに興味を持ったら、ぜひ連絡してみてください。読み終わって「勉強になったな」と満足するだけでは何も人生が変わりません。何かアクションを起こしてみてください。それが本書のゴールです。

本書は、最初から順番に読み進めていただく他、気になる著者や仕事内容など、興味のある順番に読み進めるのもおすすめです。

本書の中には、「出会い」が散りばめられています。著者との出会い、新しい仕事との出会い、今までになかった考え方との出会い、理想の働き方・生き方との出会い。
それらの「出会い」に気付くも見逃すもあなたの読み方次第です。
あなたにとって必要な「出会い」を掴んで、これから始まる人生に活かしてください。

20人の物語があなたの未来を変えるきっかけになると嬉しいです。

Rashisa出版（ラシサ出版）編集部

— 目次 —

自分の参考になるひとり起業家を見つける

ひとり起業家 file No.9
賃収億超えの不動産王
加藤薫

投資不動産リノベ事業でブルーオーシャンを見つけられた理由

稼ぎ続けるためには、スキルが土台となる
混乱の時代にチャンスは生まれる
一人のチカラではなくチームのチカラも有効

p 153

ひとり起業家 file No.10
高校生 SNS マーケター
キメラゴン

SNSマーケティング事業を手掛ける現役高校生社長

底辺中学時代から社長になるまで
SNSマーケターというビジネス
月収100万円以上稼ぎ続ける4つの「考え方」

p 171

ひとり起業家 file No.11
自由人 LINE マーケター
西島隆弘

160名の成功を支援した93%の人が知らないLINE活用術

現在のビジネスと成功実例
沖縄で自由にビジネスができるようになるまで
オンラインで仕組み化する3ステップ

p 191

あなたの毎日を休日にする仕組み作りの方法

ひとり起業家 file No.1

自動化のプロ

たつみん

episode

1

若かりしたつみんは波乱万丈

はじめに

「何のために生きてるんやろ」

まわりが青春を謳歌する中、１０代を「無」で過ごした私が、１０年後「生きていてよかった！」と笑顔で過ごせる日々が来るなんて…。

家の窓から飛び降りて人生を終わらせようとした人間が、どうやって人生明るくキラキラと過ごせるようになったのか、そして、あなたが私と同じように、明るい人生を過ごすためにはどうすればいいのか、本章でお話したいと思います。

プロミュージシャンで社長のたつみん

どうも、「たつみん」こと辰巳友祐です。

現在、自動化のプロとして活動するかたわら、ミュージシャンもしています。ビジネスを自動化することで、働かずに毎月数百万円以上の収入を手にし、Twitter のフォロワーは１０万人を超えたところです。

こんな話をすると「どうせ怪しいことでもしているんだろ」と思うかもしれませんが、そんなことありません。

世の中の会社はすべて「仕組み」で回っています。

その仕組みを一人で完結できるように作っただけのことなんです。

私の現在の生活はこのような感じです。

●誰も雇わないからストレスフリー
●人間関係の悩みが一切ない
●遊びたいときに遊び、寝たいときに寝る
●好きなときに、好きなだけ仕事をする

ただ、簡単にこうなったわけではありません。

まぁ、だからといって別に難しいことをしたわけでもありません。

「どういうこと？」って思いましたよね？


「誰にでもできることを、誰よりもやった」

ただそれだけのことなんです。

この先、その仕組みのこともお話ししていきますね。

あと、お願いしたいことがあります。

この本を読んで「なるほどなぁ」で、終わらせないでください。

せっかく時間を使って読んだのであれば、今日からできることを、たったひとつでいいので実行に移してみてください。

人生でもっとも成長するタイミングは、本を読むことではなく、実体験の瞬間ですから。

いじめられすぎてハゲる

もしかしたら、これを読んでいるあなたも経験したことがあるかもしれませんが、私はいじめに遭っていました。

私立の中高一貫校に通っていた私は、中学2年生から高校1年生の終わりまでの3年間、ずっといじめられていたのです。


結果、ハゲました。


16歳にして、私の両額は毛根にサヨナラを告げ、天国へと旅立っていったのです。

反抗期かよ。アーメン。

とまぁ、ふざけて話していますが、当時は1ミリも笑えない毎日を過ごしていました。

休み時間になると、それまでお利口にしていたクラスメイトが近づいてきて、頭をわしづかみにし、教室の後ろに連れていかれる。

そこからは、ずっとリンチ。「ついでに一発蹴っとくか」と、私と同じく陰キャな奴も一緒になっていじめてきました。

なんて卑怯なんだ。ちくしょうめ。

いじめは次第にエスカレートし、教室の後ろにある掃除用具入れにぶちこまれ、回転させ壁側に扉をくっつけて出られないようにされたこともあります。

「俺はほうきじゃねぇんだよ」なんて思いながら耐えていました。おデブちゃんだったので、ほうきでもないのか。ちくしょうめ。

辛すぎましたが、多感な時期ということもあり親には言えず、耐えた結果、ドラ○ンボールに出てくるベ○ータのようなM字ハゲになってしまったのです。（現在は完治してフサフサです。）

いじめが終息したのは○○ができたから

そんな耐え難いいじめが終わったきっかけは、自分自身が変わる努力をし出したことでした。その瞬間、人生の歯車がカタカタと動き始めたのです。

「僕に彼女ができたんだ〜♪　それはそれは可愛いんだ〜♪」

これがきっかけで一気にいじめがなくなりました。晴れ渡る空。白い雲。なんて良い空気なんだ…！　って、茶番はやめますね。

このいじめられた経験がビジネスでも活きてきます。
実は私、一度も不登校になっていないのです。
逃げたら負けだなと思っていたし、負けたら悔しいじゃないですか。
そして、このように考えていました。

●あきらめないこと
●継続し続けること
●すべて自己責任だと考えること

この3つは、ビジネスであっても学校生活であっても、掲げた目標を達成するために守らなければいけない大切なことです。

人生を変える前に、人生終わってちゃ意味ないですからね。

なぜこんなありがちな話をするのかというと、初心者ほど基礎を抜かしてノウハウに逃げてしまうことがよくあるからです。

波乱万丈からの自動化

壮絶な学生時代を経たあとの18才〜今までについて話します。

浪人してバンドでドラムを叩く日々を送り、好きが高じてプロにまで登りつめましたが、親父から借金1800万円を押し付けられ、夢を諦めサラリーマンになりました。

その後ビジネスを始めるも、信頼していた人に売り上げを持ち逃げされたり、友人にお金を貸しては飛ばれたり、１００万円詐欺に遭うなどが続き、人間不信に陥ります。
さらに忙しすぎて趣味に時間が使えないこともストレスだったため…

●人と関わらないビジネスモデル
●自分の自由な時間が作れるビジネスモデル

この2つの条件を満たすビジネスをしよう、と決意。
その結果、「コンテンツビジネス×自動化」に辿り着きました。

「コンテンツビジネスを自動化」って言われても、よくわからないですよね。次節より、詳しくお話しします。

episode

2

たつみん流！自動化スキル大公開

コンテンツビジネスは意外とカンタン

漫画、アニメ、小説、映画、動画教材・・・これらはすべてコンテンツビジネスです。

要は、オリジナル商品を作り、それを販売するビジネス、というわけです。

個人でやるとすれば「動画教材」が一番やりやすいでしょう。

しかし、本当に良い時代になりました。MacBook 一台とコンデンサーマイクを一本買って、画面録画をし、パワーポイントを読みながらしゃべるだけで、あなたオリジナルの教材が完成するのですから。

こう聞くと、思ったより簡単だと思いませんか？

人は、悩めば悩むほどリスクばかり考えて動けなくなるもの。

やってみれば、意外と簡単です。時間があるのなら、なにかひとつでも行動してみましょう。

集客の方法は2つある

コンテンツビジネスを始めると、つまずくポイントがあります。それが「商品を販売するための見込み客を集める」という工程です。ビジネスで売り上げを上げるには「集客→教育→販売」の工程が必要です。

つまり、そもそも集客ができないと稼げないのです。ちなみに、集客には2つの方法があります。

①SNSなどで情報発信して、自分のファンを作り集客する方法
②Web広告などを使い、見込み客に興味付けして集客する方法

結論から言えば、おすすめは①です。なぜかというと、会社などの組織に属さなくても生きていける「個の時代」に突入しているからです。個人でもファンはつくれます。

また、広告費をばら撒いて集まった見込み客よりも自分のファンになってくれた人に対して、商品やサービスを案内した方が圧倒的に売れやすい、ということもその理由です。簡単だとは言いません。

毎日フォロワーを集めるために、自分からアプローチして認知を広めたり、自分で企画して目立ったりする必要があるからです。

しかし、しんどいだけではありません。価値観が似ている仲間がどんどん増えていくという楽しさがあるからです。

すぐ売るヤツは、すぐ死ぬ

さて、成功するために覚えておいてほしいことをお伝えします。

それは、**短期的に考えないこと**。「すぐに売る」ということは「すぐに死ぬ」ことを意味します。

短期的ではなく、長期的に見ていかなければいけません。そのため最初は、信頼構築に重きを置き、そのための情報発信を心がけましょう。

日本人の80％以上はネット利用者です

「自動化」と聞くと何を想像しますか？

自動販売機・工場・セルフレジなどでしょうか？

いずれも、自分が動かなくても勝手に何かを生み出してくれる仕組みですよね。

ここでは売り上げを自動で生み出してくれる仕組みのことを「自動化」と言いましょう。

それでは、個人でそれを作るためにはどうしたらいいと思いますか？

先ほど、「動画教材を作ればコンテンツになる。ＳＮＳを使って集客をしよう」とお伝えしました。これが何を意味すると思いますか？

それは、**「インターネットをフル活用しなさい」**ということです。

日本の人口は1億2000万人。そのうち約1億人がインターネットを利用しています。1億人に直接会おうと思うと、全国津々浦々まわっても難しいでしょう。交通費もすごい額になりますよね。

しかし、インターネットを使えばどうでしょうか。

連絡をくれた見込み客が北海道に住んでいようが沖縄に住んでいようが、大阪だろうが東京だろうが一切関係なく、あなたの商品やサービスを購入してくれます。

だから、絶対に利用するべきなんです。

公式LINEってなに？

今、私がやっているインターネットを使った集客方法をご紹介します。

それは「公式LINE×ステップメール」です。

よく飲食店で見る「ＬＩＮＥで友だちになってくれたら１００円クーポンプレゼント」みたいなやつです。登録したら、定期的にクーポンやキャンペーンの連絡が来ますよね。

公式ＬＩＮＥは、友だちになってくれた人に一気にメッセージを送ることができます。1万人が友だち登録していれば、一瞬で1万人に伝えたいことを届けられるんです。このサービスは企業だけでなく、個人でも使えます。インターネットがメインの現代でビジネスをするなら、必ず利用すべきサービスと言えるでしょう。

ステップメールってなに？

ステップメールをわかりやすく言うと「メールマガジン」です。

あれ、実は「1日目↓2日目↓3日目…」と日程や時間などを指定して自動的に読者にメールを送ることができるのです。１０年以上前から利用されているシステムで、公式ＬＩＮＥと同じく個人で使うことができます。

じゃあ、公式ＬＩＮＥ×ステップメールは？

公式ＬＩＮＥもステップメールもどちらもメリットが大きいのですが、デメリットもあります。

そのデメリットとは、公式ＬＩＮＥは手動でメッセージを送らなければいけないこと。

一方、ステップメールは開封率が悪いということです。ＬＩＮＥの開封率が７０％もあるのに対し、メルマガは３０％と言われています。

そこで、ＬＩＮＥとステップメールを組み合わせ、デメリットを解消させるサービス「Ｌステップ」の登場！

今ネットビジネスだけでなく、実業家の中でも流行り始めているサービスです。

集客はＳＮＳで自分でやっている、その上で教育～販売を自動化したい、というのであれば、Ｌステップを始める前にこれらをポイントとしておさえておいてください。

①「型」から外れすぎたやり方をしないこと

②自己満足なＬＩＮＥを送らないこと（顧客を第一に）

③7日間以内に1つ目の商品をオファーすること
④売る商品は、値段以上の価値提供を意識（リピーター獲得の目的）

なお、①で書いた「型」は私の公式ＬＩＮＥから盗んでください。（Twitter などで「たつみん」と検索。ブログなどから登録可能です。）

しかし、ビジネス初心者がいきなり自動化は無理に等しいでしょう。

確実に「経験」が必要です。

そこで次に、初心者がゼロから売り上げを上げるためにやることを、私のストーリーと共にお話しします。

episode 3

初心者がゼロから売り上げを上げる方法

失敗してくださいね

本を読んでいるあなたに「何言ってんだよ」と、思われるようなことを言います。

「たくさんの本を読む前に、自分で行動し、自分で失敗し、自分で経験を積んでください。これができないなら、ぶっちゃけビジネスしない方がいいです。」

現実を伝えたいからきつい言葉で言いましたが、本ばかり読んでいても人生は変わりません。まず、自分で失敗を積み重ねて、その後照らし合わせるためにまた本を読んでほしいと思います。あ、でもこの本は最後まで読んでくださいね（笑）。

詐欺からの脱サラ

さて、私がビジネスを始めたときの話をします。「いざ、ビジネスをするぞ」と走り出した矢先に１００万円の詐欺に遭いました。それも、目先の利益に目がくらんで「最短最速で月収１００万円達成セミナー」なるものに参加したことがきっかけです。

打ち合わせは飛ばれ、サポートはなし。コンテンツもほとんどない。という謎のコンサルティング。新社会人１年目、２４歳だった私にとって、１００万円の負債はあまりに辛かったのですが、逆に火が付き、とにかく独学でもいいから、売り上げを上げるためには何をすればいいかを必死に考え、行動しまくりました。

毎日5時に起きて7時に出社し、20時まで仕事をして帰る。その後、「絶対に6時間はビジネスタイムを取る」と決めていたので、眠りにつくのは夜中の2時。睡眠時間は平均3時間。それを４ヶ月続けました。そのため、仕事中に廃車にするほどの単独事故を起こし死にかけましたが、４ヶ月で月収１００万円を達成し、脱サラすることができました。

300人に売っていたモノとは？

脱サラするまでの間、３００人に営業しましたが、成約はゼロ。なかなか結果が出ませんでしたが、泥臭く継続し続けた結果、一気に花開いたのです。結果の出方はまさに「成功曲線」。３００件の失敗のあとは続々と成約していきました。ここで問題です。私は実績もないのに何を売っていたでしょうか？

答えは「他人のサービス・商品」です。

実績がないのであれば、自分が購入したことがある商品を売って稼ぐ、ということが一番手っ取り早いでしょう。もしくは、物販。転売で実績を作るために自分の力でまずは１０万円、２０万円と稼ぐことです。それが、自分の商品を作るための第一歩。試行錯誤の日々を経て結果が出たら、もうあなたには「スキル」が身についています。

お金なんていうものは、泥棒に入られたりスリに遭ったりすると、サラッと消えてなくなりますが、スキルだけは奪われない資産となります。だからこそ、本ばかり読んでいないで経験を積もう、とお伝えしているのです。

労働時間が1／7に！

さて話を戻しますが、他人の商品を売るという実績を作った私は、最初に「営業のコンサル」を始めます。あと、LINEを使ったアフィリエイトでも結果を出していたので「ライティング・マーケティング。Webセールスの教材」を作り、販売しました。

こうして、階段を登るようにビジネスが発展。その後、手動で売っていた自分のコンテンツを「自動で売れないか？」と考え、LINEをステップメール化した結果、集客だけに専念することができるようになったのです。すると、自分の1日の労働時間が1～2時間にまで減りました。脱サラしてすぐは14時間ほど働いていたのですが、たった3年のビジネス活動で、不自由のない時間やお金を作り出せたのです。

私のことを「怪しいやつ」と思うかもしれませんが、世の中の裕福な人間はみんな「暇」です。というか、暇だから稼げるのです。自由な時間ができるから、次のビジネスを作る。すると、収入源が無限に増えていきます。暇なのに収入だけが増えていく。これが現実です。事実です。この裕福な人間の生活を、私は27歳にして実現しました。今は自由な時間にバンド活動をしたり、アニメや映画を観たり、買い物したり、家でダラダラしたり、旅行したりしています。

そして、これはあなたにもできることなのです。この本を読んで、**行動さえすれば。**

さいごに

私の話はここまでですが、ぜひ、この先も読み進めてみてください。そして、「この人いいな」と思ったらその手元にあるスマホでＳＮＳアカウントを検索し、情報を見て、そして盗んでください。それが人生を１８０度、ガラリと変えるコツです。あなたの努力が報われることを、心から願っています。

ここまでお読みいただき、ありがとうございました。

LINE

現役医大生かつ月収600万円の社長が目指す先

ひとり起業家 file No.2

医学生マーケター

あお

episode
1
月収600万円の社長になるまでの平凡な人生

はじめに

こんにちは。動画マーケターのあおです。国立医学部に通いながら、月600〜1000万円の利益を維持している法人の代表です（一人法人ですが笑）。

ビジネスは主に、動画マーケティング業務、動画編集者教育業、動画制作ディレクション業務、美容室経営などを行っています。

「国立医学部在学。月収500万円。社長」

これだけ見ると、とんでもないスーパーマンだと思うかもしれません。しかし、私のこれまでの人生は割と平々凡々なものでした。１８歳までの日々は、おそらく今この本を読んでいるあなたと同じようなものだったでしょう。

そんな私がなぜ、平凡な日々から抜け出すことができたのか？　それは、私の人生の中で起こった３つの「出来事」のおかげでしょう。

本章では、私の人生を変えた３つのエピソードと、そこから得た教訓についてお話ししたいと思います。

平凡な自分に気づくも…

私の人生を変えたエピソードをお話しする前に、私の生い立ちをご紹介します。

私は４人兄弟の３番目に生まれました。５つ上と３つ上に兄がいるのですが、なんといってもこの２人がとても優秀なんです。

とにかく地頭が良くて、何でもすぐにできてしまうタイプ。勉強だけでなく運動神経も良く、何においても結果を出す、まさに文武両道な2人でした。

3つ上の兄が地元の公立中学校を卒業したとき、入れ違いで私が入学。周囲からは「卒業した兄と同じく、弟も優秀なのであろう」と期待され、また私自身も兄たちと同じく自分も優秀であると信じていました。

しかし、蓋を開けてみると私の成績は中の中。兄たちとはあまりにも違う成績に、悔しいというより驚きました。「あれ？　俺って選ばれし天才ではないの？」と。

兄たちは、学年上位の成績だったのに対し、私は学年で真ん中くらい。この事実を目の当たりにした私は、「勉学は自分の戦うべき土俵ではない」と思うようになりました。

自分が凡人であるという事実から逃げたかったのです。

現実から目を背け続けた私の成績は中学卒業まで変わることなく、そのまま平凡な高校に通うようになります。

高校に入ってからはバンド活動に明け暮れ、昼夜問わずベースを弾き、授業中は保健室でサボる毎日。

サボったことが親にバレたら逆切れするような、典型的なダメダメ高校生でした。

episode 2 人生を変えたエピソードと教訓

エピソード① 医学部受験

そんな凡人かつダメダメ人間だった私の人生を変えるきっかけとなったエピソードは３つあります。順にお話ししていきましょう。１つ目は、高校卒業の年の出来事です。

それまで音楽活動をしていたため、卒業後は音楽系に進もうかとも考えましたが、音楽で飯を食う未来が想像できず他の進路を考えるようになりました。

「さて、自分は将来どうなりたいのか？」と思ったとき、浮かんだ答えが「お金持ちになりたい」でした。

「お金持ちといえば医者！」そう短絡的に考えた私は、医学部に進学するという選択肢が頭に浮かび始めました。今思えば、幼いころから医師を志している人に対して失礼な動機かもしれませんね。ただ、きっかけこそお金目的だったものの、医師という職業について調べていくうちにその素晴らしさを知ることになります。

そして、本格的に受験を決意できたのは、心の底から医師になりたいと思えたからでした。受験勉強において、私は今まで目を背けていたある事実を受け入れることになります。

それは、「自分は凡人である」という事実。自分が凡人であることを受け入れ、凡人なりに何をしたらいいのかを明確にすることで、1日12時間の勉強をすることができました。そして、才能がなく自制心もない自分と向き合い続け努力した結果、私は国立医学部に合格することができたのでした。国立医学部に合格したことによって「自分は凡人だが、努力をすればある程度の成果を得られる人間」だとわかり、努力の重要性を実感しました。

【教訓①】凡人も努力をすれば結果を出せる

私は決して天才ではありませんでした。努力をしなければ平々凡々な結果が返ってきます。ただ、努力をすれば凡人でも結果を出せることを痛感しました。「努力は大事」という綺麗事を肌で感じることができた良い経験です。

エピソード② 事業の失敗

今は動画マーケティングを中心とした事業をやっていますが、その前に別の事業に挑戦し、失敗した過去があります。

それは、大学3年生の頃。私は周りの人と同じようにアルバイトをしていたのですが、どうやら「決められた時間に決められた場所に行く」というのが肌に合いませんでした。

バイトがある日は朝からずっと気分が重いというような日々を送っていました。結局2~3ヶ月で辞めてしまい、「自分は労働に向いていないのでは」と自己嫌悪に陥ってしまいます。

そこで私は、労働をせずにお金を稼ぐ方法を探し始めます。この世の中で短い労働時間で大金を得ている職業がどのようなものかを調べると、投資など怪しげなものが多い中で最もまともだったのは「社長になること」でした。

社長といっても色々ですが、うまく仕組みを作れた社長は自分の労働時間が少なくても莫大な利益を生み出すことを知り、私もそのような社長になろうと考えました。

そこからどんどん「意識高い系」になっていくのです。

意識高い系の私が最初に目をつけたのが、「ライドシェアサービス」でした。

ライドシェアサービスとは、電話やアプリを通じて、いつでもどこでも簡単に車の相乗りができるマッチングサービスをさします。

「意識高い系」に成り果てていた私にとって、海外で流行っているのに日本にはまだないライドシェアサービスがとても魅力的に見えました。


しかし、結論から言うと私が作ったライドシェアサービスは全く使われませんでした。


もっとも大きな理由は、日本で運転によってお金を得るためには第2種免許などを取得しなければならないという障壁があったため、マネタイズの設計から逃げたことです。マネタイズの設計から逃げたことで、お金をもらう責任から解放されサービスも杜撰なものになりました。

そういった部分がネックなことに気づいてはいたものの、「Uberができないことを自分は成し遂げるんだ」という大きなビジョンを掲げた私は、そのネックとなる事実に目を背け、投資家探しに明け暮れます。

なんとか200万円を投資してくれる投資家を見つけることができたので、すぐに発注。

しかし、やはり法律によるマネタイズが不可能という問題に引っ掛かってしまい、計画は頓挫。借金を背負ってしまうことになってしまいます。

敗因は完全に、マネタイズができないという現実に目を背けたまま事業を始めようとしたことでした。

そこから先は借金を返すために、死ぬ気でバイト。バイトをしたくなくて始めた事業のせいで、長い間バイトをすることになるという本末転倒な結果を得ました。


この事業失敗から学んだことは…

【教訓②】お金が動く＝価値を提供する

マネタイズするためには、本当に価値のあるもの、みんなに使われるもの、現実的なものでないといけません。

しかし当時は、「お金じゃない、ビジョンなんだ」ときれいごとばかり考え、マネタイズから逃げていました。マネタイズから逃げることによって、良いサービスを作ることから逃げていたのです。私はこの失敗を通して、マネタイズと向き合うことが価値を生み出すことに気づけたのです。

エピソード③ 現在の事業

2回目の事業を始めるにあたって、1回目の失敗から学んだ私はこう考えました。確実に誰かへの価値提供につなげるためには、少なくてもいいからとにかくお金を稼がなければならない、と。

そこで目をつけたのが、動画編集です。動画編集は時流から考え、ニーズがあって稼げると確信があったからです。

動画編集をビジネスとして開始したときは、オンラインサロンやクラウドソーシングでメッセージを送り、案件を獲得していました。

1回目の事業で投資家に対して「僕の可能性に200万円ください」ということをやっていた私にとっては、クライアントに対して「動画編集するので数千円ください」と呼びかけることは、簡単な営業でした。

私のクオリティに満足してくれたクライアントが他のクライアントを紹介してくれることもあり、動画編集を始めて3日ほどでたくさんの案件を抱えることができました。

しかし、10日ほどが過ぎたころ、私のリソースはパンク。

作業者として動画を編集している間は、リソースをフル活用したとしても結局月10〜20万円ほどしか稼げないことに気づいたのです。それはつまり、私のリソースが100%に達したときに利益が頭打ちになってしまう、ということ。

動画編集を事業化する予定はなかったものの、このことに気づいてからは、私自身はディレクターとして品質担保にまわり、外注することにしました。

当初は、「7000円で取った案件を他人に4000円で依頼すれば3000円の不労所得が得られる」という甘い考えでやっていました。いわゆる中抜き商売ですね。

しかしクライアント目線で考えれば、7000円で発注したものが4000円のクオリティで返されるため、不満が生じます。

クビになったこともありました。結局、まったく労働しないということはできず、私も3000円分の品質担保をする必要がありました。

試行錯誤するうちにきちんと品質担保を行えるようになり、ディレクターとしての発注も増えて、再びリソースがパンクするように。

そこで、さらに私の下にディレクターを雇い抱えられる案件を増やしたところ、粗利が増え私自身の実質労働時間は少なくなっていったのです。

自分の労働時間が少なくなったため生み出された時間を利用して、クライアントの仕事について知見を深めることにしました。

クライアントが動画を作る目的について考え、その業務ですらも巻き取っていくことでより大きな利益を出させるのでは、と考えたからです。

要するに、マーケティングです。

「自分自身でマーケティングスキルを身につければ、この動画制作事業をより成長させられる」そう確信した私は、マーケティングスキルを身につける方法をいろいろ考え出しました。

ｔｏＣ（消費者向け）の商売を行っているクライアント目線でのマーケティングの視座を手に入れるためには、私自身もｔｏＣの商売をやってみないと!

ということで、私も発注者と同じく、サービスやコンテンツを作って売り、発注者側の目線に立ってみることにしました。

それこそが、現在多くの稼げる動画編集者を輩出している「あおの案件獲得スクール」です。

当初は、個別にチャットや電話相談でコンサルティングをしていたのですが、評判が広がり「教えてほしい」という人が殺到するようになったため、コンテンツ化。

結果、動画編集者たちの間でヒットし、私が豊富に持つマーケティングの知見と利益を残すことに成功したのです。

このように自分自身でマーケティングを行い、自分のサービスで利益を得て、それが自分の労働時間を圧迫しないモデルでできている、という成果によってマーケターとして企業から信頼されるようになりました。

そして、ｔｏＢ（企業向け）案件が爆発的に増えたのです。

【教訓③】とにかく自分自身が経験をするべき

経験は最強の武器です。

マーケティングを机の上で勉強した人よりも、圧倒的に私の方が信頼されます。

ディレクターのさらに一歩先の仕事としてマーケティングを行ったことで、ｔｏＢでも利益を拡大することが可能になり、現在では１日３０分ほどの労働時間でも月３００〜４００万円の利益を維持できています。

とにかく自分が経験する、ということが結果を得られる大事な要素なのです。

episode

3

給与に左右されない医師になる

ビジネスと医師と

今は、稼いだお金を新しい事業にどんどん投資しています。手離れのいいビジネスに投資し、利益を追求しているところです。

大学を卒業したら、私はもちろん医師になります。医師も人間なので「何科が儲かる」とかそういう話になることもありますが、給与に左右されない状態でいることが最も素晴らしい医師になれるのではないかと考えています。

給与に左右されないためには、お金の悩みを全て解決する必要があります。そこで、医師以外で自分が労働しなくても十分にお金を稼げる仕組みを作ろうと考えています。

今はまだ自分が労働している状態なので達成できていませんが、仕組みづくりを成し遂げ、お金のことを一切考えない良い医師となりたいです。

さいごに

努力して誰かに価値を提供する経験をしてください。それが結局、自分自身の幸福感と利益を生み出します。**現実から目を背けず、愚直に努力して誰かに価値を提供することが人生において最も重要なこと**だと、私は確信しています。

凡人から抜け出し、たくさんの人に「ありがとう」と言われる人生を歩んでいくための努力を、今この瞬間から始めてみましょう。

37歳シンママでも物販ビジネスで年商1.8億稼げた理由

ひとり起業家 file No.3

シンママ女性起業家

あや社長

episode

1

借金200万円からの脱出

はじめに

初めまして、あやです。子どもが2人いるアラフォーシングルマザーです。

「もう、今から何かを始めても遅いんじゃないか」

「私には何も経験がないから無理だ」

このように考えている方はいませんか？

・借金200万円
・貯金ゼロ
・資格、学歴、スキルなし

これは、ほんの3年くらい前の私です。この状態から数年で大きく変化したのです。

自分に都合のいい言いわけをつくり、自分の可能性を否定する人が、この世の中には多すぎる気がします。もったいない。本当にもったいないですよ。

この本を手に取っているあなたは、「人生変えてやる!」という意気込みと共に、心のどこかで「何をしたらいいんだろう」という不安を抱えているのではないかと思います。

安心してください。この先の話を読んだらきっと「勇気」が出ます。

その「勇気」こそがあなたの人生を大きく変えると、ここに断言しておきます。

スクール運営とSNSコンサルティング

まず、私の自己紹介を簡単にさせていただきます。名前は「あや」です。Twitterや Instagramでは、「あや社長」なんて呼ばれています。2018年8月に法人化し、会社は今3期目になります。主な事業としては、物販スクールの運営とSNSコンサルティングです。

私の物販スクールが掲げている目標は、「オンラインとオフラインを使い分ける日本一のスクール」です。

おかげさまで、現在生徒さんは450人ほど。卒業生を含めると1000人を超える生徒さんがいます。SNSコンサルティングの仕事では、私のフォロワー実績（Twitter：2万5000人　Instagram：2万6000人）を活かし、ブランディングの構築からフォロワーの増やし方、どういうツイートをしたらいいのか？　どうやったらプロフィールのクリック率が上がるのか？　ということなどを幅広く指導しています。

誰でもできること…とは言いません。

しかし、ここまで来るために必要だったことは、とってもシンプルなことでした。

性別・年齢・学歴・スキル・貯金など、どれも関係ありません。

それは何かと言うと、「人生を本気で変えたい」という気持ち。本当にこれだけ。

この気持ちさえあれば、どんな状況でも何だって成し遂げることができます。

「できない」と言うのであれば、まだ本気になっていないだけの話なのです。

私が「人生を本気で変えたい」という気持ちになったのは、３年前。
３７歳で借金２００万円と子ども2人抱えたときでした。
それでは、私の３年間のエピソードをお話ししましょう。
どのような体験をして、何をしたことによって今に至るのか、ぜひご覧ください。

episode

2

37歳シングルマザーの挑戦

挑戦するきっかけとなったこと

離婚したのは3年前、37歳のときでした。10年間の長い結婚生活に終止符を打ち、私と2人の娘は第2の人生をスタートしたのです。

「とにかくお金がない！」

当時住んでいたのは、埼玉県のとあるアパート。家のそばを車が通ると、「ガタガタ…ガタガタ…」と、地震が来たのかと思うくらい揺れるボロアパートでした。

引っ越したくても貯金がない。貯金どころか借金が200万円もある状態。

借金は、結婚生活や引っ越し費用などで積み上がったものでした。

昼も夜も働いていましたが給料はたかが知れていて、ずっとギリギリの生活。いくら返済しても利息で一向に減りません。

私だけが辛いならまだしも、私には守るものがあります。2人の娘です。

昼も夜もずっと仕事で、私は家にいられない。両親に頼ることもできず、ずっと子ども達だけで留守番をさせてしまっていました。

寂しい思いをたくさんさせていたでしょう。小さな贅沢も叶えてあげられなくて、我慢ばかりさせてしまっていました。

時折、娘が家で話す内容は、決まって学校の友だちの羨ましい話です。「Aちゃんの家は広いんだ！」とか「Bくんの家はシャンデリアがあってすごい！」とか。

ある日、上の娘が自由帳を私に見せにきました。そこには素敵なおうちの絵。

「ママ、わたしこんな家に住みたい！」と。

私は泣きたい気持ちをぐっと堪え、笑顔で「そうね。素敵だね！」と、何とか笑顔で返事をしました。このとき、「人生を本気で変えたい。このままだと現状はずっと変わらない！」と感じたのです。

そして、離婚したことで自由があることに気づき、「何かに挑戦しよう!」と決意します。「始める年齢が遅い」とか、「今の自分には能力が何もない」とか、そんな細かいことは1ミリも考えませんでした。ただひたすら「人生を本気で変えたい」という気持ちだけで、必死に動き回ったのです。

最初にやったことは、クラウドソーシングでの仕事探し。データ入力やシール貼りなどでした。しかし、それらの稼ぎは数十円ほど。しかも、そんな簡単な仕事でもミスをしてしまう始末。それでも、落ち込んでいる時間なんてありません。

今度はYouTubeなどで毎日30個ほどの動画を見漁りました。

そして、ネットビジネスの世界と出会ったのです。「こんな世界があるんだ」と、衝撃を受けたことを覚えています。

ネットビジネスの世界へ

「ネットビジネスをやってみよう」と調べてみましたが、どれも専門用語が難しくて私にはチンプンカンプン。その中で「あ、これならできるかも！」と思ったネットビジネスが物販でした。

クラウドソーシングのどんな仕事よりもできそうだなと思い、私はすぐに物販動画を発信していたKさん（メンター）のLINEに連絡。

私のビジネス人生は、ここから本格的にスタートします。

まずは、Kさんの物販スクールに入り、さまざまな知識を得ました。

そして、スクールに入って4日目にはネットでお金を稼ぐ経験を成し遂げたのです。

それはたった数千円でしたが、「実際にネットでお金を稼げた」という経験が、大きな自信につながりました。

大袈裟じゃありませんよ。

さらにメンターのKさんを始め、月数百万円の収入がある人のそばにいると、自然と価値観がアップデートされていったのです。

「自己投資。Give精神。ポジティブ。自責の念。」

それらが当たり前になっていきました。

物販ビジネスにも慣れ、次に挑戦したビジネスが「情報発信」です。

スクールの運営陣として、講師活動やSNS運用をしていく仕事です。

そしてこの頃、当時のパートをすべて切り捨てました。


「時間が一番大切」


価値観がアップデートされることで時間の重要性を強く感じた私は「今は自分のビジネス一本に集中するとき」だと確信したからです。

そしてビジネスに集中した私は情報発信も熱心に行うようになります。

情報発信は心の底から楽しくて、まさかこんなに楽しい仕事に出会えるとは思ってもいませんでした。


私の周りで起きた経験や、「これから人生を変えていきたい」と考える人にとって価値ある情報を発信していくのです。

この情報発信は、現在でも行っています。詳しくは、ぜひTwitterの投稿を見てくださいね。パワフルに生きられるマインドを身につけていただけることでしょう。

挑戦が強みになる

ビジネスに挑戦する年齢が人より遅いということは、情報発信ビジネスにおいて強みになりました。なぜなら情報発信は、人とちがう部分があることで目立つことができ、それが武器になるからです。

私は、スクールで情報発信をしている中でトップのフォロワー数になりました。少し前までは、クラウドソーシングで数百円の仕事しかできなかった私が、1番になれたのです。

そんな楽しい情報発信をひたすら続けていた3ヶ月目には月100万円の壁を超え、4ヶ月目には法人化。（実は、ちょっと怖くて税理士さんに泣きついたのは内緒。）

自分自身でビジネスをすると、私が今まで通ってきた道のりや実績は次のビジネスに繋がります。私はSNS運用の実績が評価され、SNSコンサルティングの仕事もビジネスに取り入れることになったのです。そして、現在に至ります。

episode

3

世の中のシングルマザーを豊かにしたい！

稼ぐ2つのコツ

月収１００万円を超えるコツは２つあると思っています。

①基準値が高い人と一緒にいる

②自己投資は一生続ける

これらは、特に私が大切にしていることです。それでは、順番に説明しますね！

①基準値が高い人と一緒にいる

仲間が必要、ということです。ただ居心地がいいお友だちとは違います。自分が尊敬する人だったり、一緒に成長しようと志を持っていたりする仲間のことです。

仲間がおらず一人でいると、そのときの自分の価値観で打ち止めになってしまうんですよね。人は、人と人との繋がりで新しい気づきが生まれて成長します。

実際に私もあらゆる方とお会いしました。Twitterなどで知り合った素晴らしい経営者さんも多くいます。

新しい人と会う理由は、自分の成長のためです。おそらく、素晴らしい経営者さん達はそれを分かっているので、私や他の多くの人と会うのでしょう。

②自己投資は一生続ける

「分かってますよ！」という声が聞こえてきそうですが、それでもあえて伝えておきます。

私は今でもコーチングの講座を受けたり、月に数回は何かしらの有料セミナーに足を運んだりしています。

理由は単純。**成長にゴールはない**からです。月いくら稼いだとか、何かを達成したとか、そういったことはゴールにはなりません。

自己投資をやめてしまうと、そこで成長は止まるどころか、周りに置いていかれます。時代の変化についていけなくなる、ということです。時間が止まることはないですよね。**時間が進む以上、止まるということは下がることと同じ意味**だということを覚えておいてください。

豊かになること ≠ お金持ちになること

私には「世の中のシングルマザーを豊かにしたい！」という理念があります。

私はビジネスを始める前までは、豊かになるにはお金がすべてだと思っていました。でも、今は少しちがいます。

お金で得られる幸せ以上に、私と関わるビジネスパートナーや教え子が成果を出すことの方が幸せだと感じているのです。

お金を追いかけていたときは、いつもイライラし、些細なことで子どもに怒鳴ってしまっていました。

今では人の幸せを考える余裕ができ、昔の私よりも明らかに器が大きくなったなと感じています。

お金ももちろん大切で、子どもが欲しいものを買ってあげられるようになったし、良い塾にも通わせることができるようになりました。

また、時間にも余裕ができたので、一緒に遊んだり出かけたりすることができています。

子どものために自由にお金と時間を使えるようになり、子どもの笑顔が圧倒的に増えました。母親として、これ以上ない豊かさを手に入れたと思っています。

お金の幸せは、当然必要な通り道です。しかしその先の、家族や身の回りの方の幸せに幸福を感じられる「豊かさ」を、ぜひ手に入れてほしいなと思っています。

シングルマザーは強い！

私の元へは日々、多くのシングルマザーさんから相談がきます。

シングルマザーには必ず「子ども」という、守り抜かなければならない存在がいます。

だからシングルマザーは強いんですよ。自分の手で守るしかないのですから。

ひと昔前のインターネットがない時代であれば、特別な能力や大きな資本金がないとビジネスができなかったかもしれません。

しかし今は、個人でビジネスをすることが可能な時代です。

情報は山ほどあるし、ＳＮＳを使えばリアルではなかなか出会えない人と話すこともできます。

「人生を本気で変えたい」という気持ちさえあれば、今のあなたには想像もできないような幸せにたどり着くことができるんですよ。

さいごに

「ポジショントークになってしまうかも」と思いつつ、伝えさせていただきます。

「ネットビジネスをやったけれども上手くいかない」という方や、「自分の能力に自信がない」という方は物販をおすすめします。

私も、物販ビジネスからのスタートでした。ソースは私（笑）。

今でも恐らく一番再現性が高いビジネスでしょう。

安く仕入れて高く売る。とっても簡単です。

ビジネスを始めるにあたり大事なことは、**ネットでお金を稼いだ「実績」と、お金を稼ぐ手段を得た「安心」**です。

簡単なビジネスだからこそ、結果と心境の変化を得ることができます。

これは、実際に体験してみないと分からないかもしれませんが、本当に心に余裕ができます。

次に何か挑戦するときにも、少し自信が持てるようになるんです。

さて、この短い文章の中で私が伝えられることはこれくらいです。
私もまだまだ成長し続けて、皆さんと一緒に頑張っていけたらと思います。（あ、フォローもぜひ、よろしくお願いしますね！）

「人生を本気で変えたい。」

それさえあれば、結果は後からついてきます。

高卒・就職経験なしの元バンドマンが月収100万円超えの理由

ひとり起業家 file No.4

差額で稼ぐプロ

生松圭悟

episode

1

バンドマンから月収100万円を超えるプロに

はじめに

こんにちは。「アパレル・ブランドせどりのプロ」生松圭悟と申します。今この本をご覧になっている皆さま、この度は興味を持っていただき誠にありがとうございます。本章では私自身が経験したことをもとに、皆さまにとって少しでもプラスになるような情報をお伝えしますので、ぜひ最後までお読みください。今後の人生において何かのヒントになれば幸いです。

まず、私の自己紹介をさせていただきます。

・生松圭悟（イクマツケイゴ）
・1993年5月31日生まれ
・大阪出身　大阪在住
・合同会社 VIVALE　取締役

現在のビジネスは、中古の古着やブランドバッグを仕入れて販売する「物販」を行ったり、アパレル・ブランドせどりの「コミュニティー運営」や「コンサルティング」を行ったりしています。

他にも、Amazon 物販や撮影・出品等の代行サービス事業や情報発信など、多岐にわたって事業を展開しているところです。

「アパレル・ブランドせどり」は、私自身がコンサルティングを受講し、2020年1月よりスタートしました。

事業を始めて半年ほどで月収100万円を突破し、それ以降もコンスタントに月300〜400万円を稼いでおります。

現在は、彼女とわんちゃん1匹といっしょに暮らしながら、在宅メインで物販やその他のビジネスをのんびりと行っているところです。

バンドを辞めビジネスを立ち上げたきっかけ

私は10年間ずっとバンド活動をしていました。高校生の時からバンドしかしていなかったため、就職経験はゼロ。最終学歴は高校卒業です。

バンド活動はというと、レーベルや事務所に所属し、毎日忙しく全国各地を飛び回っていました。何千人もの前でライブをしたことも何度かあります。

しかし、めちゃめちゃ売れているバンド！というわけでもなかったため、金銭面的には厳しい日々を送っていました。

それでもやりがいは十分にあり、私たちの音楽を必要としてくれたりライブを喜んでくれたりする方が全国各地にいたおかげで、それはもう楽しかったです。

節目となる10年目を迎えたとき、「音楽でこれ以上たくさんの人に何かを与え続けることはできない」と思い、悩んだ結果、そのバンドから脱退することを決めました。

さて、バンドを辞めた後どうするかというと、選択肢として浮かんでくるのはもちろん、就職。10年間好きなことをさせてもらった家族からも、付き合っていたパートナーからも、「就職するように」とあおられていました。

でも、思ったんです。今から就職をしたとしても、学歴もないスキルもない社会人経験もない自分がどこまでいけるのだろうか、と。

なんとなく採用してくれる会社に就職して、少ない給料の中やりくりをして、給料はなかなか上がらず欲しい物は買えず、そのまま結婚して子どもができて、でも仕事が忙しくて妻や子供との時間もたいして取れず、「なんだか最近太ったわね」なんて悪態つかれて、ストレスが溜まったら居酒屋で同僚と愚痴会を開催して、少しスッキリしてまたなんとなくの日々が過ぎて…

それなりに楽しいことはあるけれど我慢が多い人生をこの先ずっと送っていくのかな…って、そんなのは嫌だ！

要するに、就職することに対して完全にビビってしまったわけです（笑）。

「それなら、自分でビジネスを始めよう！」

そう思い立ち、仲間２人に話を持ちかけＢＡＲをオープンすることにしました。場所は大阪の難波。繁華街です。

私がメインでお店に立ち、バンド時代の仲間やファンの方が来てくれ、順調な日々が続きました。

軌道に乗ってきたなと思っていたとき、突然大流行しだした感染症。

そう、新型コロナウイルスです。

やっとの思いで立ち上げたお店でしたが、これは長引くと早々に判断し、泣く泣く閉じることにしました。

実はコロナが流行する前に、「ＢＡＲ以外の別の収益の柱も立てておきたい！」と、個人的に「アパレル・ブランドせどり」を始めていました。

今振り返ると、一つの柱に頼らず副業をスタートさせておいて本当に良かったと、心から思います。

数あるビジネスモデルの中からなぜ、「アパレル・ブランドせどり」を選んだかというと、長く稼ぎ続けられるビジネスモデルだからです。

なぜ長く稼ぎ続けられると断言できるのか？ このあたりの詳しいお話は、ここでは控えさせて頂きます。

もし、ご興味あればぜひ私の公式ＬＩＮＥをご登録ください！

episode

2

月収100万円を超えるってシンプル

3つのコツ

月収100万円を達成するためのコツは、かなりシンプルだと私は思っています。

①【まずは一点突破】0↓1を作り上げるべし
②【自分にしかできないことを】1↓30は他人に任せるべし
③【圧倒的レバレッジを意識】30↓100はネットで仕組み作りをするべし

この3つのみです。それでは、順に詳しく説明していきます。

①【まずは一点突破】0↓1を作り上げるべし

とにかく一点突破が大切です。「結果が出やすい手法」で大量に行動しましょう。

私がコンサルティングを受講した初月は、仕事の時間と寝ている時間以外、全て物販に費やしました。

ご飯を食べながら物販。お風呂に入りながら物販。睡眠時間もできる限り削り、場合によっては仕事中もトイレに駆け込み、勉強や仕入れを行っていました。

物販は「安く仕入れて高く売る」というシンプルなビジネスモデルです。

私のようにやり込めば、少なからず結果は出ます。

またポイントは、**途中で挫折しないために最速で結果を出し、「成功体験」をつくること**です。

これについては後ほど詳しくお話しいたします。

②【自分にしかできないことを】1↓30は他人に任せるべし

物販を行っている会社の社長が、梱包作業をしたりシールを貼っていたりしたら、おかしいですよね？　誰でもできる作業は、お金を払ってでもバンバン人に任せましょう。人件費が発生することで一時的に売上げが減ってしまったとしても、空いた時間を有効活用することでゆくゆくは売上げアップにつながります。

空いた時間は、自分にしかできない仕事をしましょう。

例えば物販であれば、専門的な知識や目利きが必要となる「仕入れ」を行います。他にも、勉強をすれば知識の資産を得ることができます。

自分がやらなくていい作業はすぐに人に任せ、自分にしかできないことに専念しましょう。

作業をしてくれる人の見つけ方は色々あります。

アウトソーシングサイトを利用するのもいいですし、家族や友人に成果報酬（例えば撮影1品３００円）でお願いするのもいいと思います。

または、私がやっている物販の作業代行サービスを利用していただくのもいいでしょう。

ビジネスを始めた瞬間、あなたは「社長」です。

社長の仕事は「利益を生み出し続けること」。ここに全力で集中しましょう。

③【圧倒的レバレッジを意識】30→100はネットで仕組み作りをするべし

1を30までにすることができたら、この経験や知識を「商品」としてパッケージ化しましょう。形式はなんでも構いませんが、**形に残すことが大切**です。

50や100をすでにクリアしている方からすると、あなたの情報は必要ないかもしれませんが、0→1をまだ達成していない人にとっては有益な情報です。

お金を払ってでも欲しいと思うでしょう。

また、0の段階の方からすると100をすでにクリアしている何千万円を稼ぐような人の情報よりも、数十万円稼ぐ段階の人の情報の方が信用できたり親しみを覚えたりしてくれるかもしれません。

経験や知識を商品としてパッケージ化した後は、ネットの仕組みを利用してたくさんの人に届けましょう。

資金があまりないのであれば、SNSがおすすめです。

初期費用があまりかからず、はじめての利用でもしっかり仕組みを作っていけます。このあたりの具体的な方法は「たつみん」さんの記事を読みましょう！

p 80

もちろん、これは一例であり手段はこれだけではありません。

私の中では月収１００万円を達成する最短ルートはこちらだと考え、紹介させて頂きました。実際、私はこのやり方で、物販だけで事業開始から半年後に月収１００万円を達成しています。

月収１００万円を突破したら、稼いだ資金を本業（私の場合は物販）に再投資してスケールアップするのもいいでしょう。

また、仕組みや商品を強化して更に収益を伸ばしていくのもいいかと思います。

投資し続けること

時代や状況は刻一刻と変化しています。**「現状維持は衰退」と危機感を持ち、「昨日の自分よりも少しでも成長するぞ！」と歩みを止めないことが何よりも大切**です。

また、稼げたとしても調子に乗って浪費し過ぎず、「投資」を意識しましょう。

最強の投資はなんだと思いますか？　不動産？　米株？　違います。

知識と人脈への投資です。

有料の情報を購入したりコンサルティングを受けたり、自分の求めている情報を持っていそうな人たちが集まる場所に行ってみたりしましょう。

知識の幅や人脈を広げることで、自分のレベルがグングン上がっていきます。

そうすると、どのようなビジネスにも応用がきくようになるのです。

実際に私も、月に１００万円稼げるようになってからも自分よりもっと稼いでいる方が集まる場所に行ったり、１００万円単位のコンサルティングを受けたりしましたが、その分月収は上がりました。

ただ、注意してほしいことがあります。

最初にこれをしてしまうと頭でっかちになり、手足が動きづらくなってしまう場合があります。

そのため、一点突破で１００万円達成することを、まずは目指していきましょう。

ここをクリアするためには、適切な方法で大量行動するのみです。

episode 3

これからの時代の生き抜き方

商品と売る力を持つこと

これからの時代に必要なこと。それは…

「自分の商品を持つこと」
「自分で売る力を身に付けること」

何よりもこの2つが大切だと、私は考えています。

不景気になれば、当然消費者の買い渋りが起きるでしょう。もし会社に勤めていたら、会社の商品が売れなくなった場合、給料が下がったり人員削減が行われたりします。

自分ではコントロールできない部分を、人に身を任せるというのはとても危険です。厳しい言い方をすれば「自分の人生を他人に委ねている」状態とも言えるでしょう。

こんな不安定な時代だからこそ、自分で内容も値段も質も決められる商品を作成し、販売戦略を自在に変えられるように自身で売る方法を学んでいきましょう。

また、今後ますます人間の仕事はロボットやテクノロジーに移り変わっていきます。だからこそ、何かを学んでいく際は「人間じゃないとできないこと」を選ぶようにしてください。

まずは小さな成功体験を

就職経験なし、学歴なし、初期資金なし、人脈なし、さらに3Bの元バンドマンの私でもここまでできたのですから、これを読んでいるあなたがやればきっとこんなものじゃないはず（笑）。

まずはどんなことでもいいです。

小さくてもいいので「成功体験」を作りましょう。

私は最初、Twitterで流れてきた「革でできたリュックは高く売れる」という情報だけを頼りにリサイクルショップに行き、革リュックを入手し、フリマアプリで販売してみたところ2000円の利益を出すことに成功しました。「たった2000円」と思うかもしれません。

しかし、現在1000倍の200万円以上稼げているのは間違いなく「2000円を稼げた」という成功体験があったからだと強く思います。

数百円でも数千円でも稼ぐことができると「おっ、俺（私）意外にやるじゃん」って、空でも飛べそうな気持ちになります。

この気持ちこそ0↓1を達成する何よりの原動力となるのです。

ビジネスなら、物販でなくても何でもいいです。家事代行など自分が考えたサービスを購入してもらうビジネスモデルもいいでしょう。

ただ、あなたがビジネスで結果を出したいのであれば「何をするか」と「正しい努力」を絶対に間違えないでください。

市場にとって需要がないものであれば、大きく稼ぐことは難しいです。

ブルーオーシャン・レッドオーシャンの話がありますが、初心者こそ市場が広いレッドオーシャンで勝負すべきだと、私は思っています。

成功している人の声に耳を傾けよう

独学で誤った努力を重ねると、行動しているのに結果が出ず、結局諦めてしまう、ということになりかねません。独学で成功できるのは、一握りの天才だけです。

ビジネスを始めるときは、まずは小さく始めてみてその手法で稼げる核心を持つことができたら、次はそのビジネスモデルで成功している方にお金を払ってでもしっかりと教えてもらいましょう。

さいごに

もしあなたが現状に不満を持ったまま生きているのであれば、それは間違いです。人は生まれた瞬間から幸せに生きる資格があります。

「我慢が美徳」だなんて化石みたいな考えは捨て、より幸せになるための努力を惜しまないでください！少なくともこれを読んでいる皆さまには、「あのときやっておけばよかった」なんて後悔はしてほしくありません。

「自分なら何かできる気がする。けれど取り組む内容や、やり方が分からない」と思う方は、ぜひ私にご相談ください。方法と手段と環境をご用意します！

ここまでお読みいただき誠にありがとうございました。

いつか紙面を飛び越えてお会いできる日を楽しみにしております！

LINE

ブログ

全コンサル生月収7桁以上達成！
ペン一本で月収2400万円

ひとり起業家 file No.5
情報発信コンサル
泉雄亮（いずみ）

episode

1

どん底時代

フラストレーションまみれの学生時代

はじめまして、いずみと申します。私は2013年に多額の借金を抱え、水道以外のライフラインがすべて停止しました。そこから月収2400万円を稼ぐ現在までどのように辿り着いたのか、お話ししていきたいと思います。

私は普通、いや普通以下の中途半端な人間でした。小学校の6年間、なぜか「習い事は柔道しかしない」という謎の縛りで柔道をやり続けたものの、中学に入ったと同時に「やっぱり、もっと華やかでモテそうなスポーツがしたい！」と、サッカー部に入部。

しかし、サッカーに対してそれほど情熱はなく、プロの試合を９０分見続けたこともないほど。当然下手で、リフティングも3回くらいしかできませんでした。走り込みだけは、一番やっていましたが…。

そんな何をやっても中途半端な私が、中学のサッカー部のＯＢにライブハウスに連れて行ってもらったことがきっかけとなり、音楽にものすごくのめり込むことになります。

ちなみに、当時の私のヒーローは、Hi-STANDARD というバンド。

しかし、当時は親がすごく厳しく「バンドは帰りが遅くなるから、やってはダメ」、楽器を買うためにバイトをしたくても「バイトは校則違反になるからダメ」と、有無を言わさず禁止されていました。

好きな音楽をやることが許されず、どこだかわからない国のマイナーバンドを発掘することに命をかけるしかなかった高校時代。

ものすごいフラストレーションがたまっていました。

ある日、エルサルバドル共和国という国のＢ級デスメタルバンドを聴いているとき、パソコンにウイルスが侵入。家族共用（というか主に父の物）のパソコンをブッ壊してしまったことがあります。困っている両親を見て「ざまあみろ ww」と思ってしまったくらい、ストレスを感じていた学生時代だったのです。

そのフラストレーションが爆発したのは、北海道の室蘭で、一人暮らしを始めた大学生のときです。

貧乏学生でしたが、金にも時間にも糸目をつけず、やりたいことはとにかく何でもやりました。自由って、最高！

しかしその結果、大学には5年通うことになり、身についたことは「お酒の吐き方」くらいでした…。ひどいですよね（笑）。

ママチャリ野宿の旅で「やればできる」に気づく

そんな中途半端で欲求不満人間だった私の人生を変える出来事が起こりました。

大学が夏休みに入ったある日、バイトが珍しく3連休だったこともあり、「金はないけれど、旅をしたい！」という衝動に駆られます。

友達にそんな欲求をぶつけてみたところ、「じゃあ、チャリで函館行く？（※約200km）」と。

おそらくその友達は、私に「いやいや、それはさすがにキツいでしょう」と、言ってほしかったのだと思います。

が、私はなぜか張り合ってしまい、「それなら函館までじゃなくて青森まで行こうよ（※約380km）」と言い、両者とも引っ込みがつかない状態に。結局、その日の晩にママチャリで出発することになったのです。

1万円弱のママチャリにとっては荷が重すぎる、無謀ともいえる旅。

屋根がついているバス停で休んだり野宿をしたりしながらも、何とか無事に帰ってこられました。（あとで調べたところ、昔日本兵が200人ほど遭難したという青森の「八甲田山」という険しい山を越えていたことがわかりました。）

この経験を通して、私は「やろうと思えば何でもできるのではないか？」という自信を得ることができたのです。そして次の年、仲間を引き連れて今度は仙台まで自転車で行くことにしました。（※約700km）

仙台までの旅では、途中、山でタイヤがパンクしたり発熱した仲間がいたりと大変なこともありましたが、無事帰還。「やっぱり、やれば何でもできるんだ!」と、自信が確信に変わり、「1年に一度、何かを達成しよう」というマイルールをつくりました。

そして、そのルールに基づいて次の年にライブハウスをつくることになったのです。

フェス開催するも、残ったものは借金のみ

大学当時の私は音楽に対して情熱を持っていたのですが、住んでいた所（北海道室蘭市）が田舎すぎて練習場所やライブハウスなどの環境が整っていませんでした。

そこで、「自分で練習やライブができる場所をつくってしまおう！」と決意。

テナントを借りてライブハウスをつくり、バンドメンバーと運営することにしました。今思い返すと、これが最初の起業なのでしょう。（赤字でしたがw）

ライブハウスもそれなりに形になってきたため、また次の年、新しい目標を掲げました。

それは、「北海道を代表するようなロックフェスを作ろう！」ということ。

ノウハウはゼロ。まずはフェスを共につくってくれる仲間とバンド出演者を集めました。

全国各地のバンド出演が決まり、中には有名な人も。全てが手探りでしたが、死ぬ気で準備をしました。

シャトルバスを手配したり、地元の飲食店に露店をお願いしたり、また助成金や協賛金でたくさんの方に協力していただくことにも成功し、ついに「DIYフェス」が完成したのです。

そして、いよいよフェス当日。その日は「成功の始まりの日」となるはずでした。

しかし、世の中うまくはいかないもの。

まるで台風のような雨風大荒れな天気となり、レンタルした音響機材は雨に濡れて壊れかけ、さらには強風でテントが倒れてお客さんにぶつかり怪我をさせてしまったのです。

とっさに救急車を呼んだところ、パトカーも一緒に来て連行され、中止せざるを得なくなってしまいました。

警察の取調室で、あまりにも悔しくて号泣。出演者の控室に戻った後はひたすら謝罪し、再び号泣しました。

2日間の日程で開催予定だったフェスが、1日目の数時間で儚く終了したのです。

そして、悔しいことがもう一つ。

これまで、いくらお願いしても相手にしてくれなかったメディアから、事故を起こした瞬間に次々と電話がかかってきたのです。

フジテレビのようなキー局や、フェス開催地は北海道の田舎であるにも関わらずなぜか北九州のテレビからも電話がありました。

「2ちゃんねる」や、音楽業界では有名な「ナタリー」でも取り上げられ、さらには日経新聞にも記事が載りました。

地元のＮＨＫも取材に来たのですが、扱いはまるで事件を起こした犯罪者。

都合が悪いことに、その時私の左前歯が折れていたため、どう見てもヤバい奴でした（忙しすぎて治しに行けなかったんです…）。

チケットの払い戻しや、各所に頭を下げて回る日々が続き、仲間割れも起きました。

私に残ったのは借金のみ。完全に病んでしまいました。

episode
2
ビジネスを始めたきっかけ

借金地獄から這い上がるために見つけたこと

そもそもバイトをしないと生きられない経済状況だったのにも関わらず、フェスの準備でしばらくバイトができなかったため、公共料金は滞納。携帯電話やガス・電気など、水道以外の全てのライフラインが止まっている上に、借金もある最低な状況でした。

このとき、まだ大学生。とりあえず卒業を目指そうと思いました。

卒業間近になって就職が決まった頃、当時同じやきとり屋でバイトをしていた後輩が「いずみさん卒業前に飲みましょうよ」と誘ってくれ、経済的には厳しい状況でしたが、せっかくなので飲みに行くことに。

ここで、私の人生を変える衝撃的な出来事が起こります。

後輩「いずみさん卒業したら、どうするんですか?」
いずみ「こういう会社に就職が決まったよ。そっちは将来どうするの?」
後輩「僕は大学を辞めて、起業しようと思っています。」
いずみ「!?」

衝撃を受けました。

国公立で理系の大学を卒業し、企業に就職することが人生のサクセスロードだと思い込んでいた私には、その道を自ら外れて、自分でビジネスをするなんて選択肢はなかったからです。
そして、彼はスマホの画面を見せてくれました。それは、Googe Adsenseで1万円の報酬が上がっている画面。なんと、やきとりを食べて酒を飲んでいる間に、私の2~3日分のバイト代を稼いでいたなんて!
「これは、借金を返せるチャンスでは?」と思い、バイトの後輩に頭を下げて「教えてください」と頼み込み、私のビジネス人生が幕を上げたのでした。

1年で脱サラ達成

長くなるため、大学卒業後どのような企業に勤めていたのかは割愛しますが、平日は常に出張で郵便物も受け取れず、土日は会社に缶詰で深夜まで書類作成、残業代0円、という嘘みたいな労働環境の元、働いていました。

「24歳で脱サラ！」と、決めていたため死に物狂い。

そして、入社1年で脱サラに成功したのです。

しかし、その後も順風満帆というわけではありませんでした。突然収入が0になったこともあります。しかし、その翌月に130万円を稼ぎました。ここでは書ききれないエピソードがたくさんあるため、詳しい話は私のTwitterをフォローしたりメルマガから情報を受け取ったりしてくださいね。

やきとり屋の後輩には、ブログアフィリエイトの稼ぎ方を教えてもらったのですが、今は主にメルマガを使って色々なことを教える事業をしています。

心理学や脳科学が好きなことから、「ライティング×行動心理学＝サイコライティング」を教える講座や、「サプリ・アフィリエイト」という手法を教える月額コミュニティの「Psycho Launch Agency」の運営や、情報発信ビジネスのコンサルティングなどがメインです。

２０１７年に法人化して以降、月収１００万円を下回ったことは一度もありません。（厳密には「月商」であり、役員報酬を１００万円に設定しているわけではありませんが、ほぼ利益であることと個人事業主の延長のようなため、このような表現にしています。）

episode

3

どん底スタートの私が長く稼げている理由

お客さんとの信頼関係

稼ぐためのテクニックはたくさんあるのですが、私の生徒には、テクニックが生まれた背景や考え方、マインドセットから伝えるようにしています。

■互いにリスペクトし合える見込み客と出会うこと
■信頼関係を構築すること
■価値を構築して提供すること

これは私が生徒に口酸っぱく言っていることで、すべてはこの3ステップのためにあると言っても過言ではないでしょう。

お客様との信頼関係がビジネスにおいてもっとも大切であることは、江戸時代から変わっていません。

江戸時代は長屋といって家が繋がっていたため、一つの家が火事になると一気に燃え広がる大惨事になりました。火事になると、商人はお客さんの帳簿を井戸に投げ入れてから逃げたと言われています。

お客さんの帳簿（連絡先）があり、お客さんと信頼関係をつくることができていれば、家を失ったとしてもお金を稼ぐことができるからです。

江戸時代の人ではないですが、堀江貴文さんは獄中からでも有料メルマガで月１００万円以上を稼ぎ続けていた、と言われています。

コロナ禍でも、お客さんと信頼関係を構築できているお店は変わらず繁盛しています。

私の生徒も数千万円稼ぐことができるようになり法人化したり、２ヶ月弱で月収１００万円を超えたりしました。

私の収入の８割は、２割の勉強熱心なお客さんが作ってくれていますし、私自身月収２４００万円（メルマガのみ）を達成できたのも、この原理原則を大切にしているからだと確信しています。

これを読んでくれているあなたも、「こうすれば儲かる！」という短期的でテクニカルなアプローチよりも、**「究極のセールスは信頼関係である」**という長期的かつ広い視野でビジネス活動を行ってくださいね。

やることを見極め、追求する

稼ぎ続けるために大切なことは、**やることを見極めること**です。

今は世の中に情報が溢れすぎていて、「何が大事なのか？」とても見えにくくなっています。

「2：8の法則」という言葉がありますが、**本当に重要なことは全体の2割しかなく、その2割が8割の結果を作っている**のです。（実際には2割どころではなく、5％くらいだと私は思っていますが…。）

様々な儲け話に目移りをしてあちらこちらに手を出すよりも、その大事な2割を見極め、ブレないで集中することで大きな結果を出すことができるでしょう。

その2割が何なのかを教えてあげることが、私の仕事だと思っています。

さいごに

私は「学校のようなものをつくって幼児教育の段階から、こういったことを教える活動がしたい」という目標を持っているくらい、自分の考えを多くの人に伝えたいと思っています。

もし、この文章を読んで少しでも共感してくれたのであれば、ぜひ一緒にビジネスをしましょう。頑張って世の中を盛り上げていきましょう。

生徒は選びますが、ぜひ熱い想いと共にご連絡ください。

一緒に何かできそうな方も大歓迎です！

最後に、執筆の機会を与えて下さった方々に心から感謝します。

メルマガ

ブログで月1500万稼ぐママが教える「個の力」を育む方法

ひとり起業家 file No.6
億超えブログママ社長
凛

episode

1

鬱の元ＯＬがブログ開始３ヶ月で月132万円を稼ぐまで

「もう一生働けないかもしれない」

はじめまして！ブログだけで月１５００万円、その他の情報発信では自動化で月３００～５００万円をおうちで生み出している、主婦でママの凛（りん）です。２０１７年、「知識なし、スキルなし、人脈なし」と、ないない尽くしの状態から「ブログアフィリエイト」をスタート。開始３ヶ月で月１３２万円の成果を出し、コツコツ継続したことで２０２０年には月１５００万円という大台を突破することができました。

法人化して念願の「夫婦で脱サラ」の夢を叶え、現在は2歳の娘の成長を見守りながら、夫婦２人でブログを中心としたネットビジネスに取り組んでいます。

今でこそ、家族との時間も自分のやりたいことも諦めずに毎日を大切に過ごすことができていますが、最初から順風満帆だったわけではありません。

むしろ、「人生のドン底」を経験しているからこそ、今のビジネスに出会ったとも言えます。

ここからは私がなぜ今のビジネスを選び、どう考え、どう行動してきたか、「成果を出し続けるコツ」を交えてお話ししていきますので、「これから自分自身の力で稼いでいきたい」「個人で生き残りたい」という方は、ぜひ読み進めていただければと思います。


ブログに出会う前、私はごく普通の会社員でした。入社して数年は業績で認められ、プライベートも充実していて…と、特に不満のない日々を送っていましたが、異動でそんな生活が一変してしまったのです。異動先の職場は、このような感じでした。

■最年少＆企画立案業務が初めてなので「最も位が低い」という意味で「末席（まっせき）」と呼ばれる。
■フロア全て（数十名ほど）の電話を末席の私がすべて取るのは当たり前。
■配属されてすぐ、月の残業時間６０時間超え。その後も残業月１００時間超え。
■男性ばかりの職場でパワハラが横行。３時間立たされて説教や、指示されて作成した資料に対して「そんな指示をした覚えはない」と、目の前で破り捨てられたことも。

人が次々と辞めていく、まさに「魔の職場（笑）」。

慣れない仕事に理不尽な叱責、終わらない残業。私はストレスから眠れなくなり、次第に無気力になっていきました。

朝、会社に行こうと思うと涙が勝手にあふれ出し、体が震え、無理に通勤して職場で倒れたこともあります。

結果、ドクターストップで休職することになったのですが、復帰に対する恐怖や未来への不安、そして「まさか自分が」という衝撃と自分に対する失望で、目の前が真っ暗になりました。

「私、もう一生働けないのかもしれない」と。

たった一つの検索が大きな転機に

しばらくは人と会うこともできず、自宅に引きこもって眠れない生活を送っていました。

そんな生活をして数カ月が過ぎた頃、ふと思ったんです。

「自分を犠牲にして成り立つ生活の先に、本当の幸せはないんじゃないか」と。

「就職を勝ち取った過去の自分」に必死にしがみついている必要はないと気づき、自分の中で少しずつ大きくなっていた今の生活への違和感を自覚しました。

そして、「自分の人生は自分で取り戻す」という決意をしたのです。

その決意から起こした行動が「家にいながら稼ぐ」とすごく怪しいワードで検索をする、ということ（笑）。

しかし、当時の私は大真面目。

通常の仕事は不可能でしたし、「外に出て誰かと一緒に働く」という気力さえもう残っていなかったのです。

結局この苦し紛れのたった一つの検索が、私の人生を大きく変えることになりました。

「ブログアフィリエイト」に出会ったのです。

当時受けた衝撃は今でも忘れられません。

誰にも雇われずに、自宅を職場にして、自分のペースでできるビジネスがあったのか！と。

「成果が出なかったらやめよう」と、3か月という期間を設定し、全力を尽くすことにしました。

その結果、3ヶ月で月132万円という成果を出すことができたのです！ 自力で収益を生み出せた、ということに深く感動し、自分への自信を取り戻した瞬間でした。

このように、ビジネスに対して前向きに取り組み、集中できたことで現在の生活があります。

あのときブログというビジネスを見つけ、そこに飛び込み自分を信じて継続した当時の私に、心から「ありがとう！」と伝えたい気持ちでいっぱいです。

episode 2

月1000万円以上稼ぐビジネスの中身と仕組み

ブログは「ゼロから始める」副業や起業にぴったり

今でも私の大きな収益源であり、長く暗いトンネルを抜け出すきっかけにもなってくれたブログには、素敵なところがたくさんあります。

■自分1人で取り組めるから、わずらわしい人間関係ゼロ。
■好きな場所で好きな時間に好きなだけ！自分のペースで作業ができる。
■顔出し不要！自分が前面に出ることのできない方でも取り組みやすい。
■他のビジネスに比べて圧倒的に経費がかからない。ほぼ利益になる。

■初期費用は月1000円ほど。（数日間、缶コーヒーを我慢するだけの金額！）
■ブログで培った情報収集能力・集客力・分析力・文章力は他のビジネスにも応用できる。
■「求めている情報が見つかった！」と、読者さんから感謝のメッセージをいただくことも。

このようにたくさんのメリットがあるビジネスは、他ではなかなか見つかりません。

初期費用もランニングコストもほぼかからず、在宅で今すぐ始めることができる、このブログというお仕事が、私と家族の人生を大きく変えてくれました。

現役プレイヤーだからこそのリアルな発信を

「私の経験や知識を必要としている方に、情報を届けたい」という想いから、現在はブログ運営をしつつ、メールマガジンやYoutube・Twitter・ＬＩＮＥなど様々な媒体で発信しています。

他にも、リアルでの学校講演やセミナーの開催、ブログで収益化を目指す方への個別コンサルティングやコンサルコミュニティの運営、ブログ教材×リアル実践記「L2（エルツー）」の販売、「自分ビジネス」に打ち込む仲間が集うオンラインサロン「ライフアップサロン」の運営、他企業との業務連携、ゼロからの起業支援や商品・サービス作成・集客サポートや魅力を引き出すプロデュースなどを行っています。

今後は、より多くの方に「個人で生き抜く力」の重要性に気付いていただけるよう、私の現在の取り組み内容や今後のチャレンジについて、これまで以上に積極的かつ、リアルタイムで発信していく予定です。

ブログや自動化の現役プレイヤーとして、初めての方でもすぐ行動に移せるような実践的な内容をこれからも自分の言葉で発信し続けます。

安定して稼ぎ続けるために意識すべき3つのこと

今は、あらゆる業界で「変化」が激しい時代です。

その変化に適応し、継続して安定収入を得るために必要なことは、ズバリ、この3つ！

①自動で売上が発生する仕組みをつくること
②プラットフォームに依存しない収益源を持つこと（自分ブランドを創り上げる）
③現状に満足せずに自分の基準値を上げ続けること

それでは①から順に、詳しく説明していきます。

①自動で売上が発生する仕組みをつくること

1回だけ月100万円を稼いだとしても、その後続かなければ意味がありません。

継続的な売上を確保するためには第一に、「自動で売上が発生する仕組みをつくること」が重要です。

自分の時間や労力を全てつぎ込んで月100万円を超え続けることができたとしても、いつか必ず「限界」がきます。

もちろん、がむしゃらに取り組んで感覚やコツをつかみ、「ゼロ↓イチ」の最初の実績を自分自身で打ち立てることはとても大切です。

ただ、ノウハウが確立できれば、全てを自分でこなす必要はないんです。

ブログを例に考えてみると、ど素人だった私がブログ運営・記事作成ができているということは、どんな人にだって任せることができ、むしろ私よりも得意な方にお願いすることだってできる、ということです。

また、システムに任せられることもあります。例えば、メルマガ配信システムを利用すれば、登録者にメールを配信し、クロージングするところまで自動で行うことができます。

毎日1人ずつ自分でメールを送る必要は一切ありません。

これだけでも、自分の大切な時間と労力を大幅に節約できます。

他にも、自分で商品やサービスを作り上げた後、集客や販売は他の方にお仕事としてお任せすることも可能です。

自分だけの「販売チーム」ができることで、自分の時間や労力を使わずに売上が発生するだけでなく、自分だけではリーチできない顧客層へのアプローチにもつながります。

このように、自分よりも得意な方やシステムに任せることでクオリティが上がることがあります。しかしその一方で、外部委託が難しいこともあります。

例えば、属人性の高い顔出し動画や個性を前面に出した発信、経営方針の決定等といったことは自分にしかできません。

こういった**「自分が本当に関わるべき仕事」をするためには、手離れを意識し、自分が関わる部分を最小限にした仕組みを構築することが大切**です。

自動化することで、24時間365日間、常に自分の代わりに働き、稼いでくれる「自分だけの自動販売機」を持つことができます。

私も、ブログの収益以外に月数百万円の売上が、ほぼ自動で生み出せる仕組みを構築することに成功しました。

仮に自分が倒れても、他の仕事をしていても、売上を生み出し続けてくれています。

しかし、仕組み化によって生み出すことのできる一番重要なものは売上ではありません。

「自分の時間や労力」であることを忘れないでください。


生み出した時間や労力は、新規事業へのチャレンジや新たな仕組みづくりなど「自分にしかできない仕事」に費やすことが大切です。

そうすることで事業はどんどん拡大していきます。

複数の柱を持つことで、より安定して稼ぐことにもつながるでしょう。

②プラットフォームに依存しない収益源を持つこと（自分ブランドを創り上げる）

次に「プラットフォームに依存しない収益源を持つこと（自分ブランドを創り上げる）」について説明します。

Twitter や Instagram・YouTube・ＬＩＮＥなど様々な媒体が存在しますが、１つの媒体に依存して集客・販売することは非常に危険です。プラットフォームの規約や仕様変更、そしてサービス終了に常に怯えなければいけないからです。

そのため、**リスクヘッジとして複数の媒体で発信すること**をおすすめします。

アカウント停止による被害を最小限に抑えることができるからです。

特に、メルマガ等の「顧客情報を自分で保管することができる」媒体を併用することは、早々に取り組むべきでしょう。

しかし、もっとも大切なことは、媒体を複数持つことでもメルマガを配信することでもなく**「自分をブランド化」していくこと**だと、私は考えています。

これが、「プラットフォームに依存しない最強の方法」です。

どんな媒体を活用しても、自分のことを見つけてくれる、探し出してくれる、そんなファンのいる存在になることができたら最強です。

あなた自身がプラットフォーム（ブランド）となることができます。

自分ブランドができれば、ファンに呼び掛けて一緒に新たなビジネスをつくることも可能ですし、人生そのものをコンテンツ化することも可能です。

マネタイズ方法は無限に広がると言えるでしょう。

「自分をブランド化」と聞くと、有名ブロガーやインフルエンサーを想像しがちですが、そんなことはありません。

あなたの「考え方」や「行動」にファンがつくこともあるので、どのような方でも可能性はあります。

自分をブランディングするためには、「役に立つ」「わかりやすい」といった機能的価値だけでなく、「なんだか好き」「憧れ」「鋭い指摘だな」「価値観が近いから親近感がわく」など、感情的価値に訴えることも効果的です。

個性や価値観を前面に出す内容を織り交ぜて発信（セルフブランディング）していくといいでしょう。

これから発信を始めるのであれば、最終的にプラットフォームに依存せず、いつでも何度でもどのような状況でも、自分でゼロからビジネスを始めることができるよう地盤を固めることが大切です。

自分の中でブレない明確な軸をもって発信していくことを意識しましょう。

③現状に満足せずに自分の基準値を上げ続けること

そして、①②の他に根本的に大事なことをお伝えします。

それが「現状に満足せずに自分の基準値を上げ続けること」です。

現状維持は衰退。

これは、どの業界にも言えることですが、特に変化の激しいネットトビジネス業界において思考停止は命取りです。一度成果を出した手法がいつまでも通用するとは限りません。

変化の激しい業界で長く稼ぎ続けるためには、常に自分の基準値を上げ、新たな挑戦を続けていくことが最重要です。

自分の基準値を上げることで今の手法や成功に甘んじる気持ちが排除され、自分の殻を破ることができます。

では、自分の基準値を上げるためにはどうすればいいのでしょうか。私の経験から、**「自分より一歩先を行く方に直接会いに行き、考え方から学び、行動を徹底的に真似ること」**をおすすめします。これが一番、強制的に自分を変えられる方法です。

私がブログを始めたばかりの頃、ブログで年商5000万円の方に会いに行ったことがあります。

その方の作業量や行動スピード、そしてインプット量などに圧倒されたことを覚えています。その経験が、私のビジネス面での「基準値」を大きく変えてくれました。

知識・行動力・発信力・情報収集力・人脈…といった「自分にない力」を持っている方の考え方や行動量に触れることで自らの基準値を上げ、**「常に挑戦せずにはいられないような環境」を自分に課すこと**が、時代に埋もれずに稼ぎ続けるための重要な要素だと、私は考えています。

episode 3

実績ゼロから「個の力」を身につけるための思考と行動

これからの時代をしなやかに生き抜くための2つの要素

コロナ禍、そしてその後の時代を生き抜いていくために必要なことは2つあります。

まず1つ目は、SNSやWebサイト、メールやアプリなどを利用して**オンラインで集客や販売ができる「デジタルマーケティングスキル」を身につけること**です。

どんなに良い商品やサービスを作ったとしても、必要としている方に届かなければ、売上げを上げることはできません。

ビジネスにおいて必要不可欠となる集客や販売が容易になる「デジタルマーケティングスキル」さえあれば、どのような時代であろうと生き抜くことができます。

そして2つ目は、**自分以外ができることは外部委託などで自動化をしつつ、考え方や影響力など、根本的な部分で「代えのきかない自分」になっていくこと**です。

会社員時代に「あなただから、お願いしたい」とお客様が選んでくださって大きな契約が決まったことがあります。それを上司に伝えると、「社員なんだから会社として選ばれろ。お前だから、は必要ない」と言われました。

本当にそうでしょうか。私が会社員時代、必死に働いて得られたことは「狭い世界での知識とスキル」でした。資料作成やビジネスマナーなど今も役立つスキルはありますが、自社だけの専門知識やシステム運用等のスキルは、一歩社外に出れば一切通用しません。

今後の時代を乗り切るための「個」の力にはなりませんでした。

「あなただからこそ」と、選ばれる力。この「個」としての力があれば、個人でも組織でも輝けます。環境や時代が変わっても輝き続けることができるのです。私はそう確信しています。

個の力を伸ばすために、自分と正面から向き合い、強みを伸ばし、得意なことを掛け合わせることは非常に有効です。これまでの経験やスキル、人柄、個性などが、誰にも真似できないあなたの武器となり、魅力となり得るでしょう。

「出る杭」になることや尖ることを恐れないでください。

今後の時代を誰よりも力強く生き抜いていくために、デジタルマーケティングスキルを身につけ、代えがきかない自分になっていきましょう！

さいごに

自分がどう在りたいか、どう生きたいか、ただ願うだけではなく、自分の力で叶えてみませんか？　今は、それができる時代です。自分の幸せにたどり着くためのルートは、決して1つではありません。**様々な選択肢を知り、自分自身で自由に選択したその先にこそ、「自分らしく生きる人生」が待っています。**

私も自分でビジネスを始めるという選択肢を知ったことで、それまで当たり前だった「自分の犠牲の上に成り立つ生活」を捨て、新たな道を選択することができました。

つらいなと感じたときは「今の自分の行動が、本当の幸せに近づいているのか」、自分の幸せを起点にし、深呼吸しながら考えてみましょう。

「今の生活を変えたい」と願うのであれば、「自分でビジネスを始める可能性」をもっと身近に、「ジブンゴト」として捉えてください。

そして、手段を選んだら他の誰と比べるでもなく「自分の中の最高速度」を意識して日々ビジネスに真摯に取り組み、正しい方法で継続しましょう。

「やるべきこと」を知っていたとしても、そこから実際の行動に移すことのできる方は、決して多くはありません。この本を手に取ってくださっているあなたはもう、最初の大きな大きな一歩を踏み出しています。さらに、ぐぐっと踏み込むための具体的な指針として、私の発信や経験がきっとヒントになるはずです。

何者でもなかった私の「ゼロからイチを生み出す経験」が、あなたの「人生の選択肢」と「家族と自分の笑顔」を、どんどん増やしていくことにつながりますように…。

一度きりの人生。本気で踏み出すあなたを、私は心から応援しています！

LINE

メルマガ

変化のスピードが早い時代に置いていかれない為に

ひとり起業家 file No.7

YouTubeプロデューサー

おのだまーしー

episode

1

YouTubeビジネスにたどりついた理由

現在のビジネスモデル

初めまして。YouTubeコンサルタントの「おのだまーしー」です。

私は、YouTubeという言葉が流行る前の2014年からYouTube発信を行い、様々なチャンネルを運営し、トータル3000本以上の動画を投稿してきました。

動画の総再生数は累計1億回超え。作成した動画を多くの方に視聴していただくことができています。

2015年には、「HIKAKINさん」や、「はじめしゃちょーさん」など有名YouTuberが数多く所属する事務所「UUUM」に声を掛けていただき、専属クリエイターとして活動していました。事務所に所属しトップYouTuberからYouTubeノウハウを色々学ばせて頂き、２０１９年の末で退所。

そして２０２０年に独立し、現在ではYouTubeコンサルティングやYouTuberオンラインサロンの運営、企業YouTubeチャンネルのプロデュースや運営代行など、YouTubeを軸とした活動を行っています。

美容師をやりながらプロボクサーも同時進行で行っていた時期があり、それを活かして現在は、同じジムの後輩であり世界王者である京口紘人チャンピオンのYouTubeチャンネルも担当しています。

それでは、私の現在のビジネスモデルを詳しくお話ししましょう。

私は「YouTubeをビジネス活用したい」という企業に対してコンサルティングを行っています。具体的には、YouTube発信をするための撮影方法を教えたり、チャンネルのコンセプト設計（ビジネスに繋げるための企画選び）をしたり、編集のサポートやチャンネル運営のやり方に対してのアドバイスなどを行ったりしています。

美容師の仕事は現在でも続けていますが、既存のお客様のみを担当しています。

他の美容師との繋がりも多いため、今後「美容師×動画」にフォーカスしてサービスを展開しようと考えています。

今、美容に限らずどの業種でも動画を使ったマーケティング（販売）を行っていくことが必須事項になっています。今後ますますそうなることでしょう。

しかし、まだ世間では「どのように動画を使っていけばいいのかわからない」という方が大半を占めている状況です。

そのため私は動画を使って個人や企業、商品を魅力的に伝えられることが出来るかをコンサルさせていただき企業のビジネスをスケールさせる、という事業をこれからも広げていく予定です。

YouTuberになるまで

現在のビジネスをするまでの私は、何かで結果を出すほど物ごとに集中して取り組んだ経験がありませんでした。

美容師でも、「すごい」と言われるほどの売上げを上げられるプレイヤーではなかったし、プロボクサーとしてもチャンピオンクラスの試合まで辿りつけたことはありません。

また、高校時代にはバンド活動をしていたのですが、突き詰めることなく趣味の延長で終わってしまいました。このように、全て中途半端な人生だったのです。

その原因は私の性格にあります。一つのことに集中して取り組むのが苦手で、熱しやすく冷めやすいのです。美容師をやりながら、プロボクシングライセンスを取得したり、高校ではバンドをやりながらバレーボール部とゴルフ部を兼部したりと、一つのことに集中して打ち込むことができない性分。現に今も、美容師をしながらYouTubeコンサルもしています。


そのような私が、なぜYouTubeにハマるようになったのか、少しさかのぼってお話しします。

私はYouTubeを始める2年前、自分の店を持ちました。専門学校に通っていたころ「いつかは自分の美容室を持ちたい」という夢を、美容師7年目で果たすことができたのです。

しかし、実際に開業してみて美容室経営のアナログさに「時代の流れと合っていない」と感じ、1年ほどですぐ閉店。

自分の店を閉めるもそのままなんとなく美容師を続けていたのですが、美容師9年目のときに「これから美容師を続けていてもスケール（事業拡大）していかないよな…」と、考えていました。

そんなとき、私にとって人生を変える一言を、中学時代の友人から言われます。


「これから動画の時代が来るからYouTubeやっておいたら?」

当時の私は、YouTubeは「動画を見る」という印象が強かったため、「自分の動画を出す」プラットフォームだという認識はありませんでした。

その友人の一言は、私の中でのYouTubeの概念をくつがえすものだったのです。

そこから私はすぐにYouTubeに取り掛かります。そして、どハマりしました。

今までは、自分の今やっていること以上にやりたいことが次々と生まれてしまい、どんなことも中途半端に終わっていました。

しかし、YouTubeを始めた当時から現在にいたるまで、YouTube（動画）を上回るやりたいことが生まれないのです。それぐらい動画に魅力を感じている、ということです。

事業展開としてやりたいことは色々ありますが、YouTube（動画）を起点としたプロデュース業や、コンサルやビジネスを拡大させていきます。

YouTubeはこれからも発展していくプラットフォームでしょう。動画の時代は始まったばかり、いや、むしろ始まってもいないくらいです。

私が今まで主戦場で戦ってきた動画というフィールドの時代の波が、これからより盛り上がっていくんだろうなと感じています。

その分野に気づけたことは、友人のふとした一言があったからこそ。そして、そのふとした一言に可能性を感じたことは、私が常にアンテナを張り、愚直にやってきたからだと確信しています。

ひとり起業家大辞典　file No.7　おのだまーしー

episode 2

今の時代の稼ぎ方

キャッシュポイントを複数持つ

今は、時代の変化のスピードが凄まじく速いです。そのため、半年前に稼げたビジネスモデルでも一瞬で稼げなくなる日が来るかもしれません。私自身、そう思いながら取り組んでいます。YouTube の世界も変化は早く、1年前まで大人気だった YouTuber も「あの YouTuber 最近見なくない?」と言われるようになることは、私の YouTube 歴6年の間でも多々ありました。私もかつては「有名 YouTuber 代表」に選ばれるくらいの影響力が YouTube 上でありましたが（たぶん）、今はプレイヤーではなく、違うレイヤー（階層）で仕事を行っています。

それほど、刻一刻と変わる世界なのです。では、変化のスピードが速いのであれば、どうしたらいいと思いますか？　どうしたら時代についていけると思いますか？

それは、**「自分自身を変化させて時代に対応させる」**以外にありません。具体的に言うと、いくつかのキャッシュポイントを持っておくことが必要です。これは、安定的に月収をキープさせるためにも大事な要素になります。例えば、美容師として毎月１００万円以上の収入があったとします。腕を骨折したり病気にかかったりして１ヶ月間働けなくなれば、月収１００万円は０円になりますよね。

あとはリアルな話で言うと、コロナで緊急事態宣言が出されてしまい、出勤することができず給料をもらえない（減らされてしまう）状況になることも現に起こっています。

怪我などの自分の責任以外にも、コロナのようにコントロールできないもののせいで売上げが下がってしまうことは、これからも当然起こり得る話です。

そのため、リスクを分散させ、ひとつの収入源が潰れても問題ないよう、いくつもキャッシュポイントを確保しておくことが必要です。柱をたくさん立てれば立てるほど、安定感は増します。

「じゃあ、いくつものキャッシュポイントを確保するにはどうしたらいいの？」って思いますよね。次にその話をしたいと思います。

先（波）を読む力と実行力

私が思う「稼ぎ続けるために必要な力」とは、**「先を読む力」**と**「実行力」**だと考えています。

また**「稼ぐ力」とは、例えるなら「波乗り」**だと思っています。

どこに波が来るかを予想して、波が来る前からそこにスタンバイしておく。そして、一番大きい波が来たときに最大出力でその波に乗る。その大きな波に乗ることができれば、大きく稼ぐことができます。

「では、その大きな波はどこに来るの？」

それを読む力が稼ぎ続ける力だと言えるでしょう。

「波が来たぞー！」と、叫ぶ人々の声を聞いてからその波に乗る人は少なくありません。波に乗らない人と比べたら多少は稼げるのかもしれませんが、その額は多くないでしょう。

私以外の稼いでいる方々も、共通してこの「先（波）を読む力」に長けています。

もちろん百発百中でその波を読むことはできません。100個トライして1個当たったら良い方です。

そのため、「先を読む力」と同時に必要となるものが「実行力」です。

常にアンテナを張って、「この波が来る!」と感じたら、その場所に入る!

実際に波が来なくてもあきらめず、また別の場所で「波が来る!」と思ったらすぐに移動する!

この繰り返しを行っていくことで、いつか大きい波に乗ることができるようになります。

私自身もこの YouTube の事業が、この先何十年も稼いでいける事業だとは思っていません。

あと数年はまだまだ伸びるとは思いますが、今のネットの流れは速いですし、廃れるようになれば消えるのも速いでしょう。

そのため現在でも、常にアンテナを張っています。「これが来るかも!」と思ったものに関しては「即実行する!」ということを忘れてはいません。

episode 3 コロナ禍に必要な力

デジタルマネタイズ力

コロナ禍、そしてコロナ禍が過ぎたあとに必要なスキルをお伝えします。それは、「デジタルマネタイズ力」です。「デジタルマネタイズ力」とは何かというと「オンラインでの収益構造の構築」です。いわゆるＤＸ（デジタルトランスフォーメーション）。

例えば、飲食店やジム・美容室など、その場所（店舗）に行かないと収益を発生させられない事業は、これからスケールさせていくのは難しいと考えています。もちろん、スケールが不可能ということではありません（ただし、時間や資本がかなり必要です）。

そこで重要になってくることが、**「在宅で稼ぐ技術」**です。これがこれからのキーポイントになるでしょう。自宅でもカフェでも、ネット回線がある場所でなら仕事ができる。人と直接会わなくても、オンライン会議を使うことで自分の仕事が完結できる。

こういった状況のビジネスが、これからの時代のポイントとなってきます。自分の能力をオンラインで販売できるアイディアをいかに出せるか、これが、稼げるか稼げないかの分岐点になるといっても過言ではないでしょう。

そしてそのためには、常にアンテナを立てて勉強して情報を得ることが大切です。先ほどお話ししたように、私自身も美容師7年目のときに美容室を出店しました。経営していく中でアナログ感に違和感があり閉店したのですが、やはり、これから必要になってくることは「デジタル対応力」です。

現在も進められていますが、今後ますますキャッシュレス化・オンライン化は進むと思います。今までの店舗での購入はネット上での購入になり、本や雑誌・漫画などアナログで扱っていた商品はほとんどがデジタル化され、現金でのやりとりも減ってくるでしょう。

自分の仕事がオンラインでも完結できるように対応する力が、より試される時代になってくるのです。すぐに対応することは難しいかもしれません。しかし、「分からないから」と、いつまでも取り掛からなければいつまでも出来ないままです。

今から、少しずつネットリテラシーを身につけていきましょう。

チャンスはすぐに来る！

先ほどもお話しした通り、今の時代は物ごとの主戦場がリアルからネットに移り変わってきています。リアルとネットで大きく違うことは、ネットは「流行る↓廃れる」までのスピードが格段に速い、ということです。

これは何を指すかというと、**皆さんにもたくさんのチャンスがある**、ということ。波に乗るタイミングを逃したとしても、すぐに次の波が来ます。これまで「波に乗れなかった」と後悔している方も、またすぐ新しい波が来るので、チャンスをつかむことができるのです。

そして1つでも波に乗ることができたら、ある程度のポジションを築くことが可能となるでしょう。

成功はいつでも「分析・実行・失敗・成功」がセットです。世間の波を読むこと（分析）、その浮かんだアイディアを行動に移すこと（実行）、失敗して経験すること（失敗）、そして最終的にそれが結果になること（成功）。

さぁ、頭を使って行動を起こしましょう。それをしなければ成功することはありません。

さいごに

常に世の中の流れを読みポジションをとることが、今後必要な力になってきます。

「ポジションをとる」とは、「〇〇と言えばあの人だよね！」と、世間にイメージを植えつけること。それができれば、簡単に稼ぎに直結します。

思い浮かんだことは、迷わず即行動！　それがチャンスにつながります！

そして私と一緒に、おもしろいことをしていきましょう！

LINE

年間5000万円を稼ぐ慶應生が伝えたいこと

ひとり起業家 file No.8

慶應生社長

森谷和正

episode

1

普通の大学生が年間５０００万円の社長に

起業を選択した理由

はじめまして！　慶應生にして年間５０００万円を稼ぐかずです。物販スクールの運営やマーケティングのコンサルなどを主軸として仕事をしています。現在、ＳＮＳの総フォロワー数は１５万人を超えたところです。

私が初めてビジネスに出会ったのは、今から2年前のことです。それまではどこにでもいる普通の大学生でした。電車に乗って大学まで行き、仲の良い7人ほどのメンバーで授業を受け、放課後はバイトをするか飲み会に行くか。大学1年生のころから3年ほど付き合っていた彼女もいました。いわゆる「ザ・大学生」で、楽しい学生生活を過ごしていました。

あのときは、まさか自分が起業するなんて夢にも思っていませんでした。私がビジネスに出会ったのは、大学3年生の冬のこと。仲良くしていた友人たちがインターンや就職活動を続々と始め、私も少し焦りを感じていました。

「何かしなきゃいけないな」と考え、色々な会社を見に行ったり、理系だったため大学院に行くことも視野に入れたりしましたが、いずれもピンとこなかったのです。

会社見学に行けば、「仕事を終わらせて早く帰りたいなぁ」と言っている社員の方ばかり。大学院の先輩の様子を見に行けば、「研究面倒くさいなぁ」と言っている人ばかり。そして決まってこう言うのです。「大学生の今のうちに遊んでおけよ」と。「なんでみんな、そんなつまらないことなのにやっているんだろう?」と、疑問に思いました。そのような中で私が感じたことは、「就職するのも大学院に行くのも、なんだか違う気がする」ということ。

うまく言えませんが「私には合わない」ということは、はっきり分かりました。そうは言っても、大学の授業は単位ギリギリ取っていたくらいで真剣に受けていたわけでもなく、何かスキルがあるわけでもないため、やりたいことは全く決まっていません。

そこで私がしたことは、本を読むことです。たくさんの本を、読んで読んで読み尽くしました。「何でもいいから、とりあえず稼げるもの!」と、本やSNSなどの情報の中から必死に探したのです。

「就職をしない」と決めてもお金を稼げないのであれば、ただのニートです。

「何としてでもお金を稼ぎたい」と思い、一心不乱でその方法を探していたそのときです。

私が出会ったのは「物販」というビジネスでした。「物販であれば、お金を稼げそうだな」と考え、始めることにしたのです。

周りに反対されるも、休学

「物販でビジネスをする」と決めても、まず何をすればいいのかさっぱり分かりません。それはそうですよね（笑）。つい1ヶ月前まで遊び呆けていた大学生に、物販の方法なんて分かるはずがないのです。そんな簡単にお金が稼げたら、誰も苦労しません。

そこで私は、SNSを通じて出会った方から物販のコンサルを受けることにしました。独学ではできなさそうだと思ったため、できる人から教わることにしたのです。その物販コンサルの金額は、なんと65万円！この金額を聞いて「え!?」って思いませんか？

私は当時、めちゃくちゃ驚き、耳を疑いました。だって、アルバイトで毎月5万円程度の収入しか稼いだことのない大学生が、いきなり65万円の自己投資を迫られるんですよ？

当時の私の貯金は2万円程度。自己資金で払える額ではありません。しかし、私は何としてでもやりたかったため、クレジットカードをたくさん作り、借金をしてその金額を払うことにしたのです。

実は私、大学1年生のときに35万円ほどの投資コンサル詐欺に遭ったことがあります。「儲かるよ」という話に乗せられてお金を払った途端、その人はどこかに飛んでしまいました。

そのため、この物販コンサルを受けることに対して、恐怖と不安がなかったわけではありません。しかし、一歩踏み出さないことには前に進めないため、決意したのです。「必ずビジネスで結果を出す」と、腹をくくった瞬間でもあります。

毎日一緒に授業を受け仲良く遊んでいた友人たちと離れ、3年付き合った彼女とも別れ、私は慶應大学を休学することに決めました。休学することに対して親からは猛反対を受けましたが、自分の意志を曲げることだけはしたくなかったため押し切り、ビジネス1本で勝負をすることにしたのです。

友人や彼女、親とも距離ができた孤独の中、カフェで一人ひたすら物販の作業。しかし、がむしゃらに時間を費やし「何としてでも結果を出してやる」と、その一心で努力を続けました。そしてなんと、初月から10万円の利益を出すことに成功したのです。情報発信も始めたことにより半年で月収100万円を突破。さらに2年目には年間3000万円を稼ぐことができるようになりました。

episode

2

年間5000万円のビジネスとは

多くの事業を展開中

今では株式会社を持ち、ＳＮＳの総フォロワー数は１５万人を超えました。

物販スクールの運営やマーケティングのコンサルなどがメインですが、他にも様々な事業を展開しています。

物販コミュニティをゼロからつくり、２年前の私と同じように「物販でお金を稼ぎたいけれど、どうしたらいいかわからない」という方に向けてコンサルもしています。

またＳＮＳを使った情報発信のコンサルや、ＢｔｏＢ（企業向け）マーケティングのディレクション、他にも物販教材やマーケティング教材の作成・販売なども行っているところです。

ビジネスを立ち上げて良かったことは、普通の大学生では決してできないような経験をさせてもらっていることです。これまでは決して会うことのできなかった経営者の方などと会食に行くなど、貴重な時間を過ごすことができています。

もちろん、このような成果は私一人の力ではなし得なかったこと。つらいときに助けてくれた先輩経営者や仕事仲間には、感謝してもしきれません。


さて、このような経験をした私から伝えたいことがいくつかあります。

もしあなたが将来のことで悩んでいたり、これからどうしていこうか迷っていたりするのであれば、ぜひ次章をお読みください。

学生に限らず、社会人の方にも参考になる内容だと思います。

今回は、３つにまとめてお伝えします。

episode

3

伝えたい3つのこと

その① 選択肢を多く持とう

世の中の多くの人は「いい大学に行き、大企業に就職し、定年まで働くことが成功ルートだ」という認識でしょう。少なくとも私は、起業をするまではそう思っていました。

いい大学を卒業して大手企業に就職すれば高い給料がもらえ、そこで定年まで働けば一生安泰だ、と。

働くことの流動性が上がり転職がしやすくなった現代でも、そう思っている人は少なくないでしょう。しかし私は、もっと多くの選択肢を持った方がいいと考えています。企業に就職することが当たり前だ、という思い込みをやめてみてもいいのではないでしょうか。

フリーランスとして個人でお金を稼いだり、ゼロから起業して自分で組織を持ったりすることも一つの選択肢なのです。

就職以外の選択肢を持つことで視野が広がり、自分の人生の幅が大きくなるでしょう。

この2年間ビジネスをしてみて、これまで自分がいかに狭いコミュニティの中で生きてきたのかを思い知らされました。

自分がいつもいる世界の一歩外側に出てみると、そこには違う常識があり、違う価値観があり、違う働き方があるのです。

今まで当たり前だと思っていたことが、当たり前ではなかったことに気づかされます。

選択肢を多く持つことのメリットは、人生において最善の選択ができるようになる、ということです。

2年前までは普通の大学生だった私が年間3000万円も稼げるようになったのは、私に特別な才能があったとか、他の人にはないスキルがあったとか、そんなことは一切ありません。

ただ、選択肢を多く持っていただけなのです。

「20代で年収1000万円稼げるようになろう」と聞くと、なんだか難しく感じるかもしれませんが、そんなことはありません。努力すれば月100万円くらいは稼げるようになるものですよ。要は「選ぶ道」次第なのです。

この本を手に取り読んでいただいている成長欲求の高いあなたには、狭いコミュニティの中で完結するのではなく、より広い視野で人生の選択肢を持ってほしいと思っています。

決して、「みんな起業をした方がいい」とか「会社員の人がダメ」とか言っているわけではありません。

起業や就職など、複数の選択肢を持つことの大切さを伝えたいのです。

その② 人と違う道を恐れないで

私は周りの友人とは違う道を選びました。

慶應の友人はみんな、大企業に就職したり公務員になろうとしたりして世の中でいうエリートコースを目指していたのですが、私はいきなり「ビジネスを始める」と決めて休学。

友人との関係も絶ち、3年付き合った彼女とも別れ、物販を教えてもらうために65万円という大金を支払いました。普通の人なら選ばないであろうリスクを背負ったのです。

友人たちからは散々バカにされました。

当時一番仲の良かった友人から「お前には起業なんてできない。やめておけ」と、言われたことを今でも鮮明に覚えています。「休学し起業をする」という、少しみんなとは違う選択をしただけなのに、負け犬を見るかのような目で冷たい扱いを受けたのです。

このように、周りの人と違う道を歩もうとすると批判してきたり馬鹿にしてきたりする人がいます。こういう人は、必ずいます。きっとあなたの前にも現れることでしょう。

日本には「出る杭は打たれる」という文化が根強く蔓延しており、少しでも周りと違う道へ進もうとしようものなら、すぐに叩かれるのです。

またそういった人は一人や二人ではなく、後を絶ちません。

もしあなたが他の人と違う道を選ぶのであれば、あなたを批判する人の言うことなんて聞いてはいけません。周りの言うことを素直に聞いて挑戦を諦めないでください。

周りからなんと言われようと決して自分を曲げなかったからこそ、今ある程度の結果を残すことができていると確信しています。

周りの人がなぜ「やめておけ」と言うのかというと、あなたに変わってほしくないからです。

今のままのあなたでいてほしいから、必死に足を引っ張ってくるのです。

お互いがお互いのぬけがけをチェックする、いわば相互監視状態。

あなただけにぬけがけしてほしくないから「お前には無理だ」などという言葉であなたを惑わそうとしてきます。

そのような言葉を真に受けて「やっぱり自分にはできないのかな」「みんなの言う通りにしておこう」と、思ってしまう人は少なくありません。

でも、あなたにはそうなってほしくありません。

志半ばにして挑戦を諦めないでください。やると決めたら他人なんかに惑わされず、納得がいくまでとことんやり抜きましょう。

周りと違う道へ進むことは勇気がいることです。ときには怖くなることもあるでしょう。

でも、自分が決めたことならば恐れずに突き進みましょう。どうか、人と違う道を恐れないでください。

私は周りの友人とは違う道を選択した今が最高に幸せです。

その③ 本気で「やりたい」と思えるものを見つけよう

私がセミナーなどで話をすると、「今までたくさんの挑戦をしてきたのですね!」と言っていただけることがあります。

しかし、正直言って私はビジネスを始めるまでずっと遊び呆けてばかりで「挑戦」という言葉とは無縁の世界にいました。授業中はスマホでＳＮＳを見ていたり、テストは試験前日のみ勉強してなんとかしのいだり、レポートなんてまともに書いたことがありません。私の当時のライフスタイルは、バイトにカラオケ、そして適当に人を集めて週３くらいで飲み会。こんな学生時代を知る友人は、私が起業をするなんて思いもしなかったでしょう。私は、ビジネスに出会って世界が変わりました。それまで何の目標もなかった私に「これだけは絶対にやり抜きたい」と思える指標を与えてくれたのです。


あなたには「本気でこれをやりたい」と思えるものがありますか？

「ここだけは絶対に譲れない」と執着できるものはありますか？


この質問に3秒で「Ｙｅｓ」と答えられなかったのであれば、もしかしたら今が人生の転機かもしれません。

この本を読んで「何か始めたいな」と思ったなら、ぜひ新しい一歩を踏み出してください。ビジネスでなくてもいいんです。自分の一生をかけたいと思えるものを１つ見つけて、全力で頑張ってください。

私は、そんなあなたを応援しています！

かずくんのＬＩＮＥ無料講座のご案内

私の公式ＬＩＮＥでは「個人ビジネスで収入を得たい」「物販で利益を出したい」「情報発信でマネタイズをしたい」という方に向けて無料講座を開講しています。

「ネットマネタイズ講座」「物販攻略講座」「Twitter 攻略講座」の順番で、それぞれ５日間、合計１５日間の動画講義が毎日１本ずつ配信されます。以下のＱＲコードより受講できますので、ぜひこの機会に！

投資不動産リノベ事業でブルーオーシャンを見つけられた理由

ひとり起業家 file No.9

賃収億超えの不動産王

加藤薫

episode

1

稼ぎ続けるためには、スキルが土台となる

アメリカ留学で知った衝撃

頭が良いでも悪いでもなく、友達が多いでも少ないでもない。普通のおとなしい学生だった私は、高校を卒業したとき、進路に悩んでいました。

当時の私は、どこでもよかったんでしょう。アメリカ留学をしている幼なじみからの「来たら?」の一言で、あっさり留学を決めました。

アメリカに行ったのは、日本がバブル期でインターネットがまだない頃でした。ある日、日本から持ってきた車雑誌をなんとなく見ていると、驚くことがありました。

アメリカで、２０万円で売っている車が日本では２００万円の値が付いていたのです。そこで私は日本の雑誌に広告を出しました。すぐに日本から一本の電話が。日本の車屋と取引をすることになったのです。

それから「こういった車を探してほしい」と依頼されたものを探し、売る、ということをしていました。車も好きだしお金も稼げる、「なんて面白いんだ！」と楽しみながらやっていたことを今でも覚えています。

インターネットが普及していなかった当時だからできたビジネスですが、これが今の「買って、売る」という事業につながっているのかもしれません。

日本に帰ってきて目指した宮大工

私が留学していた場所はアメリカの西海岸にあるオレゴン州ポートランドで、以前はヒッピーで有名な街でした。そこでは「働いたら負け」という考え。ワークホリックは指をさされて笑われるようなイメージです。

仕事は「仕事」ではなく、「やりたいことをやる」という捉え方でした。例えば、ウェイトレスも物凄くプライドを持っています。自分が好きなことをとことん追求して仕事にする、という考え方に私もいつしか感化されていきました。

アメリカ留学を終え帰国してから一番最初に就いた仕事は、軽飛行機を製造販売教習する会社でした。動機は小さい頃から飛行機好きで、アメリカで免許も取得したくらいです。ただ、仕事は楽しかったのですが、バブル後の不景気で給料もなかなか出ず、将来に不安を感じ新たなフィールドを探すことに。そして次に興味を持ったのが宮大工でした。

宮大工というのは、神社仏閣の建築や補修に携わる大工のことです。釘を使わずに建てる技術は欧米にはなく、法隆寺が１０００年以上建ち続けているのも日本にこの技術があったから。日本独自の技術、文化、価値に魅せられ宮大工になろうと思いました。

アメリカでは短大に行き、その後４年制大学に行ったため、日本に帰ってきたのは２５歳のときでした。地元に戻り建築家の先生に「宮大工になりたい」と相談したものの「もう遅い」と一蹴。宮大工は、中学卒業と同時に修行するような世界だったのです。そのときに「宮大工にはなれないけれど、不動産だったらいつでもできるよ」と言われ「そうだ！」と気づき、不動産の世界に入ることにしました。

スキル増強期

そして私は不動産会社に入社し、仲介と言われる不動産を売ったり買ったりするお手伝いする仕事を始めます。その後、実家が不動産を営んでいることもあり、一社員として入社。

ここでトライ&エラーを繰り返す日々を送ることになったのです。家業はいわゆる「町の不動産屋さん」。小さな不動産屋は、すぐに大きな不動産会社に飲み込まれてしまいます。FC（フランチャイズ）になってしまった小さな不動産屋は数多くあります。

大手の不動産会社であれば「これをやっておいて」と、会社の一部門の業務を与えられ真っ当する事が求められますが、町の不動産屋はそうはいきません。自分の仕事は自分で開拓し一から十まで作り上げる必要がありました。生き残るためには、なんでもやるしかなかったのです。

賃貸から駐車場管理やビルの建築、土地を買うこと、相続の相談まで、不動産に関わることは幅広くやってきました。結果として、これがビジネスにつながるのですが、それはまた後ほどお話しいたします。

お客様の求めることはなんでもやってきましたが、とはいえ私と同じような業務行っている不動産屋はたくさんあります。多くの競争相手を前に、４０歳になった私は「これからどうしよう」と悩んでいました。

そんなときに、ある人と出会いました。これが人生の転機になったのです。

リノベーションの魅力

転機の話の前に、今のビジネスの柱にもなっているリノベーションの話を少ししたいと思います。私がアメリカから帰国した頃、宮大工のほかにも憧れていたものがありました。

それが、リノベーションです。古い建物を、古いテイストを残したままオシャレにするというやり方は、アメリカではすでに一般的でしたが、当時日本ではあまりされていませんでした。そこで私は、古民家の再生に興味を持ったのです。ボロボロの家を買って、可愛くオシャレにして価値を上げ、人に貸す。色々な事業をしてきましたが、この不動産リノベーションは今もやっています。原点でもあり、柱でもあると言えるでしょう。

転機となった一人の大家さん

さて、転機の話に戻ります。競争相手の多さに悩んでいた私ですが、あるとき一人の大家さんとの出会いから、私のように、仲介・建築・売買・賃貸といった幅広い知識を持っていてすべて取り扱える不動産屋は意外と少なく自身の強みであるという事を認識することになるのです。不動産屋というものは通常、仲介をするところは仲介のみ、建築なら建築のみ、売買なら売買のみ、賃貸なら賃貸のみ、という縦割りが多いのです。

私は求められるままに何でもやってきたので、これらすべてができるスキルを持っていました。物件を買うことができる、改装（リノベーション）することもできる、完成した家を人に貸すこともできる、人に貸した後に管理もできる。今までやってきたことが、すべてつながった瞬間でした。一連の流れを横展開で、一社で行うことは１０年前の当時、不動産屋がやっていないフィールドだったのです。

大手の不動産屋が入ることができない、つまり、競争相手がいないブルーオーシャンを見つけた瞬間でした。

4つの所得

ところで、あなたが「お金を稼ぎたい！」と思ったとしたら、どうしますか？

「投資」と答える人もいるでしょう。株で100万円投資をして120万円になったらラッキーですよね。

ただ、株で厄介なのは自分自身で120万円になるようコントロールができないこと。ある程度は知識で采配することができても、賭博性が高く、確実ではありません。

私が思うに、**確実に稼ぎたいなら、スキルを上げて自分のバリュー（価値）を高めるしかありません。**大手の不動産会社では一つのことしかしませんが、町の不動産屋では色々な仕事をする必要があり、その結果、私は他の人が持っていないバリューを身につけることができました。

事業の世界は自分にスキルさえあれば、100万円を2倍にも3倍にもできます。

コントロールができないギャンブルをするよりも、儲かる商品を作れる人間になった方が手っ取り早いと思いませんか？

所得には４種類あります。

一つ目は**ポートフォリオ所得**で、先ほど挙げた株や債券、投資信託などから入る所得です。二つ目は**勤労所得**で、いわゆる給料です。三つ目は**不労所得**で、家賃収入や特許、著作、知的財産からの印税など。そして、四つ目は**レバレッジ不労所得**です。

私は、レバレッジ不労所得が一番重要だと考えています。

レバレッジとは、「てこの原理」を意味する言葉です。不労所得を得るまでは大変だったとしても、一度その不労所得事業を構築してしまえば、後は楽になるイメージを私は持っています。

例えば、不動産リノベーション。物件を買ってリノベーションをして借り手が見つかるまでは、とても大変です。資金もかかるし、時間もかかる。なによりもそれらができるスキルと経験を、まずは身につけておく必要があります。

しかし、それらをクリアし、借り手がついてローンの支払いもなくなったら、あとはまるまる家賃収入が利益となるのです。

この「家賃収入」だけを指して「不労所得」と言う方がいますが、不労所得を得るためには、とてつもない努力が必要です。

私は、本当の意味での不労所得というものはないと考えています。

お金持ちや特殊能力を持っている方を除いて、いきなり不労所得を作ることはできません。
まずは仕組みづくりに全力を尽くすことで、曲線を描いて収益が上がるレバレッジ不労所得が得られる、そう考えています。

そして、この波が乗ってくれば自動化となります。モノを売ることをビジネスとしている人も同じで、商品が軌道に乗れば、順繰りお金がまわってきます。

レバレッジを効かせたいのであれば、自分のスキルを上げることです。自分のバリュー（価値）を高められる人は、能力に沿った所得を得られるでしょう。

episode 2 混乱の時代にチャンスは生まれる

コロナはチャンス

今、私たちにとってすごいチャンスが巡ってきています。「チャンス」とは平穏なときには生まれにくいものです。**混乱の時代にこそ、新しいチャンスがどんどん出てきます。**

例えば、ZOOM（ズーム）。コロナ前からありましたが、そこまで認知度は高くありませんでした。それがロックダウン以降、ほとんどの人が当然のように知るものとなり、実際に使用する人も急激に増えました。ZOOMを作った人は儲かっていると思いますよ（笑）。

ブルーオーシャンの見つけ方

ブルーオーシャンとは、競争相手がいない、または少ない市場のことを指します。ブルーオーシャンの反対でレッドオーシャンという言葉があります。競争相手が多く、血で血を洗うような価格競争が行われている市場のことです。

どちらが良いかと聞かれたら、間違いなくブルーオーシャンですよね。適正な料金でニーズに応えらえる市場ですから。

レッドオーシャンの見つけ方は簡単です。流行しているものや、多くの会社が参入しているものがそうです。

反対に、ブルーオーシャンは見つけにくい。では、どのように見つけたら良いのでしょうか。それは、**「こんな事業をしたい」と思いついたことを検索すること**です。

私は今、不動産M＆Aマッチングサイトというものを構築しようと考えています。これを思いついたときにまず、インターネットで検索をしました。

すると、１件も上がってこなかったのです。つまり、誰もやっていない、ということ。

「M&A」だけで検索すれば、たくさん出てくるので、この市場で戦おうと思うと資本やノウハウ・能力が必要です。しかし、競争相手がいない世界は、やったもの勝ち。

このように新しいワードを見つけ、それに需要があれば成功するでしょう。

そして、このコロナ禍では新しいワードが生まれやすくなっています。
今は1~2年前よりも成功しやすいと言えるでしょう。色々な常識が変わっている最中なので、アンテナを張ることが大切です。

episode

3

一人のチカラではなく チームのチカラも有効

コラボでビッグチャンス

アンテナを張っていて気付いたことがあります。それは、動画コンテンツの需要です。動画の教材はコロナ前からありましたが、ロックダウン以降急激にニーズが高まっています。

しかし、動画コンテンツのニーズは理解できてもノウハウがありません。そんなときは、**そのニーズに応えられる人とコラボをする**のです。

この前、大学生の起業チームと出会うことがありました。コンテンツはたくさんあるが売ることができない、と。コンテンツを持っている人とコンテンツを売ることができる人がマッチングすれば、それは大きなチャンスにつながります。若い人がやっているビジネスに歩み寄ることもビッグチャンスです。

私たちと10代・20代・30代は、ジェネレーションが違います。ここのギャップを活用することもおもしろいでしょう。

チームという強大なパワー

ご存知の方もいるかもしれませんが、「大家の会」というものがあります。利回りの高い物件づくりや、付加価値を高めて転売し利益を得るビジネスなどに取り組むコミュニティです。大家の会は全国各地にあるため、気になる方は調べてみてください。オリエンテーションを開催したり、大家さん向けにイベントやセミナーを行ったりしています。

私の事業が拡大していった要因は、スキル向上もありますが、溜まり場効果も大きいと思っています。人が集まるとその分、知恵や情報が集まります。私は「ドリーム家主倶楽部」の代表をつとめています。

新しい収益再生型のビジネスモデルに取り組もうと、大家業に関心を持つ仲間に声をかけて結成したものです。

スケールメリットを活かして情報を集め、業者との信頼関係をつくり、まずは仕入れ能力を向上させる。次に大切なのはリフォーム能力です。

仕入れることができても、良い家にしなければ貸せません。特に安い物件は何かしらの課題を抱えています。私は、あえて難易度が高い物件にチャレンジすることをおすすめしています。なぜなら、トラブルを経験することで自然とスキルが身につくからです。

一人ではできないことも、チームでならできることがあります。メンバーのあらゆるスキルを活かし、難易度が高い物件を見違えるほどキレイにし、1週間ほどで入居者が決まったこともあります。個人のスキルもとても大切ですが、それぞれのスキルを掛け合わせることで強大なパワーになるのです。

大家というビジネス

不動産ビジネスに興味を持った方に「大家になれますか?」と聞かれることがありますが、実は大家というビジネスはとても身近なものなんです。例えば、あなたが3LDKに住んでいる独身者だとします。１部屋自分の寝室にしたら2部屋余りますよね。そこで2人に１つずつ部屋を貸し、３万円ずつの家賃をもらったら、それが家賃収入となり大家になれるというわけです。もちろん税金を払う必要はありますが、こう考えると身近なものだと感じませんか？　ただ、大家をする上で物件選びはとても重要です。また、成功するかどうかは経験値が必要なこともあります。さらに、良い物件情報が流れてくる仕組みを知ることも大切です。

魚を与えるか、魚の釣り方を教えるか。私は家主会で情報やノウハウは提供しますが、物件情報は提供しません。なぜなら、自分の力で探すことがとても大切だからです。自分で考え、努力して、行動することで、他の人とのスキルの差がグッとつきます。

自分に対する投資は、行動し続けなければならないのです。

大家をする上で家賃収入の税金をいかにおさえるか、ということも一つの課題になってきます。節税対策として有効な対策のひとつが、会社をつくることです。１つの会社だと利益が上がると税率も上がり、納める税金が増える一方。そのため、会社を目的ごとに複数つくり、分割させることでトータルの税金を抑えることもできます。

私も8個の会社を持っています。私のように複数の不動産を所有している会社をたくさん持つと、売買のときにも有効です。

不動産をひとつずつ売却すると手間がかかりますが、複数物件一体で会社ごと売却することで、手間も省け税金が安くなるというメリットもあるからです。

税金の法律はきっちり決まっているため、脱税をするのではなく、ルールに乗っ取って税金が少ない道を探すこともビジネスをする上でのポイントと言えるでしょう。

さいごに

ビッグチャンスはたくさんあります。それを生み出すのに、コロナ禍の今は最適です。**月収１００万円を超え続けるコツは、ひたすら自分のスキルを磨き自分自身のバリュー（価値）を高めること**です。

そして、**レバレッジ不労所得の源泉をつくり続けること**だと、私は考えています。常識にとらわれないアイディアと実行力を持てば、あなたのビジネスは上手くいくでしょう。

人は平等にチャンスを与えられています。一緒に事業をしていきましょう！

Webサイト

SNSマーケティング事業を手掛ける 現役高校生社長

ひとり起業家 file No.10

高校生SNSマーケター

キメラゴン

episode 1

底辺中学時代から社長になるまで

はじめに

はじめまして、キメラゴンです。まずは簡単なプロフィールをご紹介します。

・現在16歳（高校1年生）
・社長
・SNSマーケター
・親元離れタワーマンション最上階に住む
・最高月収は1000万円
・平均月収は250万円前後

次に、私の会社で取り組んでいる事業をお伝えします。

・オンラインスクール運営
・オンラインサロン運営
・公式ＬＩＮＥ代行構築事業

全体を通して共通しているのは、ＳＮＳを通して行う事業が主であるということです。

ＳＮＳを通して繋がった人たちに、私と同じようにＳＮＳで稼いでもらうためにＳＮＳマーケティングのスクールを運営しているのですが、受講２〜３ヶ月で月収１００万円を突破する受講生も輩出でき、高評価を得ています。


今の生活は、私が中学２年生のときに憧れた「お金・時間・人間関係に悩みを持たず、毎日好きな時間に起きて好きな仲間たちと好きなことをする」という生活です。

今でこそ、このように順風満帆な人生を歩むことができていますが、２年前の私は今の生活なんて想像できないくらい底辺の生活を送っていました。

底辺学生からの脱却

今から2年前のことです。中学2年生の私は勉強が一切できず、部活動も真面目にやらず、先生からも素行が悪いと目をつけられているような底辺中学生でした。

クラスメイトとの関係もあまりよくありませんでした。とても仲の良い友人はいましたが、一方でめちゃくちゃ仲が悪い人や、私のことを目の敵にしている人もおり、すべての人と仲良くすることは難しい性格をしていました。

そんな状態で迎える「受験シーズン」。当時の私はめちゃくちゃ焦りました。勉強は真面目にせず、学校で授業や行事など何もやっていなかった私ですが、そのとき思ったことは「将来ある程度稼げるようになりたい。時間に縛られるのは嫌だ」ということ。

そもそも、「ほとんどの学生がなんのために学校の勉強を頑張っているのか？」というと、最終的な目標は「いい企業に就職して高給取りになること」でしょう。

そこで考えたのが、「自力で稼げばいい。学歴で決まらない道を歩んで高給取りになればいい」ということ。

そう考えた私は、インターネットで「個人で稼ぐ方法」や「学生　稼ぐ」「ネットビジネス」などで検索し、どうしたら自分が稼いでいけるのか必死で勉強しました。

そして行き着いたのが、「ブログ」です。

SNSとの出会い

実は、私は小学5年生のときからブログを趣味程度に書いていました。

「ブログで稼げたら素敵だな」と思い、改めてスタートすることにしたのです。

最初に書いたのは「雑記ブログ」でした。自分が考えていることや映画のレビュー、アニメのレビューなんかを書いていた気がします。今になって思うと、「そりゃ稼げないわな」といった感じのブログです。

当時中学生の私は、「学ぶ」ということを全然知りませんでした。

ただ、「稼ぎたい」一心で続けていましたが、全く収益が出ません。

そんなことを繰り返しながら、「ブログは自分には無理なのかな」と思っていた頃、出会ったものが「ＳＮＳマーケティング」です。

まさに私の人生を変えた瞬間と言っても過言ではないでしょう。


「ＳＮＳマーケティング」とは何か、簡単に説明すると「ＳＮＳを活用してお金を稼ぐこと」です。その方法は多岐にわたり、「自分の商品を、ＳＮＳを通して売る」でもいいし、「他人の商品を、ＳＮＳを使って売る」でもいいんです。

例えばあなたがマッサージ屋さんを経営していたとするなら、ＳＮＳ上で「マッサージをしたい」というお客さまを見つけられたら、それは立派なＳＮＳマーケティングです。

私が最初にＳＮＳで始めた商売は有料 note 販売でした。

集めたフォロワーに対して、「フォロワーが知りたいであろう情報をまとめた教材を販売する」これだけで月１０万円を当時中学3年生だった私は稼ぐことができていました。

episode 2
ＳＮＳマーケターというビジネス

ＳＮＳマーケティングのメリット

前述しましたが、私は今、「ＳＮＳマーケター」として働いています。ＳＮＳでどのような見せ方をすればアクセスを集めることができるのか？　どうすれば商品がより多くの人に買ってもらえるのか？　そういったことを考えながら運用をしたり、商品を作ったりコンサルティングをすることが主な仕事です。私自身が売っているものを挙げます。

・オンラインスクール
・オンラインサロン
・オンライン上で販売できる有料コンテンツ
・コンサルティング

また、他人の商品の販売戦略を代行で作成するなど、マーケティング代行事業も行っています。

他にも、公式ＬＩＮＥを活用したマーケティング代行や、構築する人を育てるスクール運営と仕事をとる営業部隊の作成に、現在は取り掛かっているところです。数ヶ月後には、結構な人数を抱えても回るような組織を組み立てていきたいと考えています。

さて、ＳＮＳマーケティングのいいところについてご紹介します。

・商品が勝手に売れるので時間的な自由を持つことができる
・仕組みづくりを構築すれば、稼ぎ続けることができる
・臨機応変に対応できる
・他の人と一緒に仕事をしやすい

また初期費用もほとんどかからないため、たった一人で、しかも中学生で起業を志した私にとって非常に合っている職を選べたな、と思っています。

episode 3

月収100万円以上稼ぎ続ける4つの「考え方」

4つのポイント

ぶっちゃけ、月収100万円を稼ぐって、決して大変な道のりではありません。1年間しっかりとしたノウハウを学びながら実行することができれば、どなたでも到達することができるでしょう。

私の中で「月収100万円以上を稼ぎ続けるコツ」を、絞りに絞って4つのポイントでお話しさせていただきます。その4つのポイントは、次の通りです。

①　１００万円以上稼げるビジネスで勝負をする
②　顧客目線になる
③　常識を壊す
④　集客・教育・販売の「教育」をしっかりと行う

それでは、一つ一つ解説していきます。

①　100万円以上稼げるビジネスで勝負をする

まず「月収１００万円は簡単」と聞き、あなたはどのように感じましたか？

「理解できない」と思った人は、おそらく今行っている仕事が１００万円を稼げる仕事ではないのでしょう。

というのも、私のところに「月収１００万円いきたいけれど、どうすればいいかわからない」と、質問してくる人のほとんどが１００万円以上稼げる仕事をしていないからです。

タクシーの運転手は、月収１００万円はおそらくタッチできません。コンビニのバイトも、タッチできないでしょう。

会社員として勤めるのであれば、大企業の「ちょっと偉めの立ち位置」を目指さないと難しいと思います。

つまり、「雇われる側」で目指す月収１００万円というのは非常に難しいということです。

そのため、私はフリーランスとして働くことをおすすめします。

もちろん、「脱サラしてフリーランスになったら、簡単に月収１００万円を超えることができる」というわけではありません。

フリーランスの中でも、たくさん稼ぐトッププレイヤーと毎月ギリギリの生活をしている底辺層と幅広くいます。

フリーランスでも、「何をするか」が重要です。例えば、「クリエイターとして仕事を受けてこなす人」だったらどうでしょう。月収１００万円に到達するためには、とてつもない時間を費やすか、かなり単価を上げなければいけません。

それでは、「クリエイターを何人か囲っていて、その人たちに仕事を紹介することで紹介料をとっている人」だったらどうでしょう。

クリエイターの数と案件の数を増やすことができれば、いくらでも稼ぐことができます。その上で、自分自身の労働時間はいくらでも減らすことができるのです。構造的に月収100万円を目指すことができます。

他にも、**「足し算的なビジネスをするか、掛け算的なビジネスをするか」**ということも非常に大切です。時給労働は、いわば足し算的なビジネスです。

「時給〇〇円だから〇〇時間働けば〇〇円稼げる」と。

しかし、掛け算的なビジネスは全く違います。

「3万円の商品を30個売ったから90万円稼いだ」。

この違い、わかりますか？　後者は、一回商品を作ったらあとは売るだけ。商品を作るときはお金が発生しませんが、作り終わったら掛け算的な収入源になるため、「売ったら売った分だけ稼げる」状態になります。

このように、「月収100万円を目指せるビジネス」で勝負を仕掛けることが前提条件として必要なのです。

②顧客目線

商品を作ったり売ったりするにあたり、もう一つ大切なことがあります。

それは**「顧客目線」**になることです。これがなければ月収１００万円なんて絶対に無理です。

仕事をする以上、「お金の流れ」を作らなければいけません。

あなたの仕事のどこかに、「これにならお金を払ってもいいかな」と思える何かを持たせる必要があるわけです。

例えば、私が運営しているオンラインスクールは、「これからＳＮＳを攻略していきたい」と考える人にとって、何万円というお金を払ってでも欲しい価値があります。

私に、マーケティング代行やコンサルティングを依頼する人も同様です。

顧客が「何を求め、何を欲しいと思っているのか」これを考えられないと、仕事を取ることも商品を売ることもできません。

１人で仕事をするなら尚更、自分が商品でどのような価値を社会に生み出しているのかを考えることが大切です。

ほとんどの人は「やりたい」という思いが先行し、どこでお金が発生しているのかを考えることができていないから、月に１００万円どころか１０万円すら稼ぐことができないのです。ブログを書いて稼ぐ方や YouTube を撮って稼ぐ方にも、同じことが言えます。

顧客がどのようなことを考えて自分のブログを読み、自分が紹介している商品を買ってくれているのか？

顧客がどのようなことを考えて YouTube を見てくれているのか？

YouTube からどのような流れであなたの商品を買ってくれているのか？

これらのことをしっかり考えられる脳があるだけで、あなたは上位１０％に入るほどのビジネスマンになれるでしょう。

③ 常識を壊す

たまに、「月収１００万円稼ぎたいです！」と言ってはいるものの、「どうせ稼げない」と、心のどこかで思い込んでいる人がいます。

私もかつては、その中の1人でした。

あなたは、「月収100万円」という数字を聞いて、「今の自分には不可能だ」と思っていませんか？その時点でダメなのです。

大切なのは、**「自分は稼げる」と確信を持って仕事をすること**です。私たちは、まともにビジネスをやれば間違いなく稼ぐことができるのです。

なぜできないのかと言うとそれは全て、「自分が自分にかけたストッパーのせい」。自分ができると思い込んで挑戦し、結果稼げなかった場合、自分に対する自信を失ってしまう。

それが怖いから、大半の人は本気で挑戦をしないのです。

心のどこかで「自分にはまだ余力がある。今稼げないのは自分が手を抜いているせい」と思い込みたいのです。


大丈夫。あなたは稼げます。


自分を信じて、目の前の仕事に集中して熱中して取り組んだ人は「月収100万円なんてぶっちゃけ楽勝」と、語るのです。

さあ、最初の一歩だけですよ、重いのは。腰が重い。やる気が出ない。わかります。私も気分屋でしたから。

そこを乗り越えた先に、経済的自由人への道があると思っています。共に頑張りましょう。

「稼げない」「自分にはできない」と蓋をしているのは、周りの基準が低いことも原因のひとつでしょう。

私は、たいしたことがないビジネスマンですが、それでも月収100万円を下回るなんてことは絶対にありません。それは、そういう基準の世界で生きているからです。

マインド面でいうならば、**まずは自分の周りの世界の常識を覆すこと**。これが大切です。

④集客・教育・販売の「教育」をしっかりと行う

最後に大切なのが、**ビジネスを行う上で必要となってくる集客や教育・販売の中の「教育」の部分をしっかりとつくりこむ**、ということです。

一般的に、月収100万円を目指すのであれば商品を持ってそれを販売することが、最も簡単な道でしょう。

その中で、「教育」部分をしっかり作り込むか作り込まないかで全く違う結果になってきます。この部分を無視して集客だけを頑張ってしまうと「稼げないのにフォロワーだけいる人」になってしまうのです。

教育部分は「ストーリー」を作り込むことです。

なぜなら、「人がお金を払うかどうかを決める基準」というのはストーリーだからです。

ストーリーとは、違う言葉で表すと「ブランディング」。

ブランディングを作る際に必要なことは、**その人がどんな人生を歩んで、どんな実績があって、何を考えて今発信をしているのかを明確化すること**です。

これらの情報をしっかりと作り込んだ上で、それに沿った発信をしてあげる。こうすることで教育部分がしっかりとされ、少しずつあなたのファンが増えていくでしょう。

ファンと言っても、アーティストのファンとかアイドルのファンとかとは違います。

私たちは商品を売るためにSNSを利用しているため、**刺激するべき感情は「尊敬」と「参考」と「憧れ」**です。

この3つの感情を投稿で引き出してあげるために、教育をするというのを念頭において発信をしましょう。「尊敬」を刺激するためには、フォロワーが目標としていると思われる生活を投稿で見せることです。

時間やお金に縛られない生活スタイルや、自分のストイックな考え方を表現してあげるといいでしょう。

「参考」とは、有益な情報を発信してあげることです。「憧れ」は、「あなたのようになりたい！」と、思わせるような教育をしてあげること。

これらのことを意識して発信してみてください。きっと大きく結果が変わるはずです。

さらに「伝え方」もすごく大切で、どのＳＮＳで伝えるか？　も大きく影響してきます。

今私はInstagramに力を入れていますが、これはInstagramの投稿の性質上教育がしやすいからです。

・ＴＬに表示される投稿のサイズが大きい
・投稿一つ一つのコンテンツ量が多い
・Twitterなどと比べて発信者から受信者へ一方的なアプローチが可能

このような理由です。

ＳＮＳ発信で売上げを出すためには、教育を強烈に行い、そのためにどんなアプローチでどんな伝え方がいいのか、しっかりと考えてやってみましょう。

さいごに

最後まで読んでくださり、ありがとうございました。私のＳＮＳでは他にも、少ない経費で大きい売上げをＳＮＳで作っていくための方法などについて発信しています。ぜひフォローしてください。

Webサイト

160名の成功を支援した 93%の人が知らないＬＩＮＥ活用術

ひとり起業家 file No.11

自由人LINEマーケター

西島隆弘

episode

1

現在のビジネスと成功実例

はじめに

こんにちは。ＬＩＮＥマーケッターのにっしーと申します。現在３７歳、神奈川県生まれ、５人兄弟の三男、しし座のＡ型です。

「ビジネスのオンライン化と集客の仕組み化で売上げを上げたい」と、悩む個人事業主や経営者の方に向けて、「魔法のＬＩＮＥ活用術」で最短３ヶ月で、ネットから楽に売上げが上がるようになる仕組みを提供しています。

２０１８年まで東京で公認会計士の仕事をしていたのですが、今は沖縄に移住して会社を経営しています。

会社といっても、従業員は私と妻と猫の2人と1匹で自由にやっているところです。

住んでいるマンションの近くに海があるので休憩がてら海沿いを散歩したり、午後から仕事を休みにしてリゾートホテルに行きプールを利用したり、レストランのディナーを楽しんだりしています。

仕事をする場所も自由で、海が見渡せるカフェに行ってマンゴージュースを飲みながら仕事をすることもあります。

好きな時間に好きな場所に行くという、自由な生活を送っているところです。

これまでのインターネット・ＬＩＮＥ集客の実績

これまでのビジネス実績をまとめるとこのような感じです。

●２０１６年から副業でブログやアフィリエイトを開始

●インターネットから1億円以上を売上げ

●メルマガやLINEの仕組みを使って、たった2回のセールスで4500万円を売上げ
●教材の販売をメルマガやLINEで完全自動化し、年間1000万円以上の売上げ
●Web集客を指導するオンラインスクールに14日間で150人以上を集客
●コンサルティングは158社（店舗）以上
●SNS総フォロワー数は約9万人

ブログ収益を得ていた時期もありましたが、冒頭でもお伝えした通り、現在は個人事業主や経営者向けにメルマガやLINEウェブ集客の仕組み化のコンサルティングをしています。インターネットマーケティングの流れはとても速いため、常に最新のノウハウや情報を国内外から入手し、実践してクライアントの成果に繋げているところです。他にも、LLCという個人事業主・経営者向けのウェブマーケティングを実践するコンサルティング・コミュニティを運営しています。これまでのクライアントの成功事例を一部、ご紹介します。

【治療院】リスティング広告を使って1ヶ月目から20万円以上売上げ
半年で50万円以上の黒字経営に成功。
【コンサルティング会社】LINEを使い集客を仕組み化して600万円以上売上げ増加。

成功に導ける理由

【治療家団体】Facebook広告やＬＩＮＥを活用してセミナーの集客を自動化し
利益が3倍に。
【不動産業】ブログとＬＩＮＥを使い顧客対応の仕組みを作り
新規顧客からの売上げが倍増。
【美容室】Google Map最適化対策（ＭＥＯ）を行い、無料で新規顧客からの月商が１．５倍に。
【システムコンサルティング会社】ＬＩＮＥを使った通販支援をし、１ヶ月で月１００万円
の収益を上げる仕組みの構築に成功。
【主婦／個人事業主】主婦業の傍ら、スキルをコンテンツ販売し月収１００万円超え。
Ｗｅｂからの収入を自動化。
【占い＆コーチング業】オンラインコンテンツ販売やオンラインレッスンで
０円から売上げ１０００万円超え。

なぜ、これだけの方が成果を出しているのかというと、**自分のビジネスに合ったオンライン集客の仕組みを構築しているから**です。

自分に合っていない仕組みを構築してしまうと成果は出ません。

私がクライアントに行っていることは、ヒアリングと徹底したマーケティング戦略の組み立てです。

「やりたいことがあるのに、何をしたらいいかわからない」と言っている方の多くが、戦略部分が明確に定まっておらず、思うように成果に繋がっていません。

戦略を構築できれば、収益化することはできます。

経営者の仕事はマーケティングで、売上げが上がる「自分に合った仕組み」を構築することが重要課題なのです。

ほとんどの経営者や起業家は、マーケティング戦略をしっかり構築できていません。

なぜなら、お客様の欲しいものではなく、自分たちが売りたいものを売ってしまっているからです。

ＵＳＪはマーケティング思考を取り入れたことで、赤字からV字回復を果たしました。マーケティング思考とは、自分たちが売りたいものではなく、お客様が欲しいものを徹底して考える、ということです。ＵＳＪはその結果、年間入場者数が７５０万人前後から、１４６０万人と約2倍になったのです。

episode 2

沖縄で自由にビジネスができるようになるまで

壮絶な幼少期と美容師時代

今は沖縄に移住してパソコン1台でお金を稼ぎ、好きな時間に好きな場所で働くという生活ができていますが、今までは割と壮絶な人生でした。

もしかしたら、これを読んでいるあなたは私のことを「はじめから何でもうまくいっている人」とか「才能がある人」と、思っているかもしれません。

しかしそんなことはまったくなく、私は元々ただの凡人です。小さい頃から勉強もできなかったですし、スポーツの才能もありません。

私は昔からお金で苦労しており、貧乏が原因で小学生のときはイジメにあったこともあります。１０歳のときに親が借金で離婚をしてしまい、母親が精神病になったこともあり、家庭は崩壊していました。

そんな背景から「早く自立したい」という思いが強くあったため、高校を卒業した18歳のときから美容師として働き始めたのです。

美容師の仕事はやりがいもあり楽しかったのですが、収入的には厳しく、トップにはなれないということが感覚的にわかってきたため、辞めることにしました。

そして、美容師を辞めて東京に行きます。

必死で努力し、公認会計士になるも…

オンラインの証券会社で派遣社員として働きながら、「将来どうしようかな」と考えていたとき、ふと「公認会計士になろうかな」と思ったのです。

当時（2007年頃）年収ランキングがあり、弁護士や医者などが連なる中で公認会計士が上位にあり、さらに試験制度が変わり、高卒でも受験資格が得られることがわかったため、公認会計士の資格取得を本格的に目指してみることにしたのです。

ただ、公認会計士の試験はとんでもなく難しく、最初は「完全に間違えたなぁ」と思いました。

周りにいる受験生は、東大や早稲田・慶応など、大学に行っていない私でも知っているような有名大学の学歴ある優秀な人ばかり。

フルタイムで働きつつ勉強をしていたらストレスが溜まり、尿管結石という病気になってしまい死にかけたりもしました。

さらに、当時同棲していた彼女にも振られ、勉強もうまくいかず、お金もそんなにない…辛すぎて鬱になってしまったのです。

やる気が出なくてカップ麺すら食べることもめんどくさい、みたいな状態。

1日中引きこもり、今思えば完全にやばい人（笑）。

ただ、ここで試験に受からないと「自分の人生がオワコンだなぁ」と思ったため必死に勉強しました。周りから、「あの人、専門学校に住んでる」と気持ち悪がられるくらい勉強したのです。


そして２０１１年、努力の甲斐あって合格することができました。無事、公認会計士として働き始めたのはよかったのですが、控えめに言ってもブラックな仕事。

既定の勤務時間が１４０時間だったにも関わらず、多いときで残業が１６０時間程あり、残業時間が既定の勤務時間を超えることが普通になっていました。

平日はもちろん、休みの日もプライベートが少なく、正直、仕事のやりがいもありません。

当時、仕事をするために東京の池袋に住んでいたのですが、人も多いし住環境に対してもストレスが溜まっていきました。

付き合っていた彼女（今の妻）が「仕事をし過ぎて辛そうだ」と心配してくれていたにも関わらず、ストレスで八つ当たりをして喧嘩になってしまったり、険悪なムードが続いたりしました。

状況を打破するために…

会計士になってから毎年沖縄に旅行へ行っていたのですが、沖縄から帰ってきたとき、ふと思ったのです。

「これはダメだ！　この生活を一生続けるのは無理だ！」と。

そんな状況から脱出したいと思い、本屋で色々調べているうちに、ブログで稼げることを知ります。

「ブログだったらパソコンがあればできる」と思い、とりあえず始めてみることにしました。

仕事が終わって12時ぐらいに帰ってきて、そこから2時間ぐらい必死に作業をする日々。

何とか2ヶ月ほどで月3万円ぐらい稼げるようになり、半年経ったときには月30万円ぐらいまで稼げるようになったのです。

ブログだけの収入で本業の収入を3ヶ月ぐらい超え続けることができれば本物だなと考え、やり続けたところ実際に達成。

そのタイミングで妻に相談し、会計士を辞めることを決め、沖縄に移住することにしました。

綺麗な海を見ながら、自由に仕事をして生きていきたいと考えたのです。

フリーランスの1年目は、ものすごく辛くて売上げが上がらなかったら生活できないというプレッシャーから苦悩がありましたが、今では最高月商2000万円。

ある程度成功し、自由に好きなことができているため毎日充実して生きています！

episode
3
オンラインで仕組み化する3ステップ

時代に合った稼ぎ方をする

稼ぎ続けるコツは、**今の時代に合った手段・方法に取り組むこと**です。

新型コロナウイルスによって世界のルールが強制的に変わりました。私は、元の世界に戻ることは難しいと思っています。

そのような中でも、時代に合った効果的なマーケティングができれば成功します。

今の時代に合ったマーケティングとは、**DX（デジタルトランスフォーメーション）**です。

つまり、Ｗｅｂマーケティングによるビジネスのオンライン化と仕組み化。

Ｗｅｂマーケティングによるビジネスのオンライン化と仕組み化が必要だと考える理由は、主に次の３つです。

●ほとんどの方が、売上げが伸びても自由を手にできていない
●自分にしかできない方法で売上げを伸ばしても、社員に教えることも任せることもできない
●自分の強みやリスクを活かしてビジネスを仕組み化していないので、経営が安定しない

例えば、店舗ビジネスで売上げを拡大していくと、人件費や固定費が比例して増加し、不測の事態で一気に転落するというリスクがあります。

一方、Ｗｅｂマーケティングで売上げを伸ばすと、人件費や固定費は一定なので利益率が高く、さらに仕組みで運用するため余計な手間や時間がかかりません。

ビジネスをオンラインで仕組み化して成功するためには３つのステップが重要です。

①成功するビジネスモデルを作る
②Ｗｅｂマーケティングフローを書く
③集客する（アクセスを集める）

成功するビジネスモデルを作るためには、**自分が売りたい商品ではなく、お客様が欲しいと思う商品を売ることが大切**です。そして、**自社の強みを活かしたコンセプト設計をし、見込み客が買わずにはいられないオファー設計をすること**。

また、ＬＴＶを最大化するビジネスモデルが必要です。ＬＴＶとは生涯顧客価値の略で、「単価×頻度」で計算できます。

Ｗｅｂマーケティングフローを書いて戦略を明確にすることは、無駄なことを省き、集客とセールスを仕組み化するため経営を安定させることができます。

しかし、そのためには単なる小手先のテクニックではなく、マーケティングの本質を学ぶ必要があります。

Ｗｅｂマーケティングフローを書いた後は集客をしていきます。集客はビジネスモデルによって方法が変わります。

ＬＴＶが高い場合は広告費が使えるので、Facebook広告やリスティング広告・チラシ・ＦＡＸＤＭ・ＤＭ・アフィリエイトが集客手段となります。

一方、広告が使えない場合は無料で使えるYouTubeやInstagram、Twitter、ブログなどの媒体を育て、集客をするとよいでしょう。

対面でのマーケティングや営業が見直されている中で、Ｗｅｂマーケティングを駆使している企業やフリーランスの方は、非対面で業績を伸ばしています。

このように、**時代にあったWebマーケティングを活用できれば、ピンチではなくチャンスに変わる**のです。

そして、**報われる努力をすること**。それを**継続することが大切**です。

さいごに

私は何の才能もなかった凡人です。凡人でも好きなことや、やりたいことを「本気でやりたい！」と思ったら、できるんです。

私と同じように、「自分のやりたいことや好きなことをして生きていきたい」と思う人を、私は本気で応援しています。

今は、「単にお金を稼いで生きていければそれでいいのか」と、思う人が増えている時代です。

そして、ネットのおかげで個人事業主や中小企業でも自社のスキルやノウハウなどをSNSで発信し、売上げを上げることができるようになりました。

私はＷｅｂマーケティングを活用して収益化に成功する仲間が増えたら、すごく楽しいなと思っていますし、そういう人を増やしたいと考え、情報発信活動をしています。

私のコンサルティングを受けて、自由に収益を上げられるようになり、「人生変わりました」という個人事業主の方や社長さんは何人もいます。

誰かの人生が変わるというのは自分のこと以上に、やりがいや充実感があるものです。

「ビジネスをオンライン化したい」と考えている方や、「ネット集客の仕組みを作って売上げを上げたい」と悩んでいる方は、ぜひ私にお声がけください。


「自由を望んだ瞬間から、人は自由になれる」

にっしーの公式ＬＩＮＥにご登録いただくと、ビジネスのオンライン化と仕組み化をする３ステップを解説した動画講座をＬＩＮＥで無料プレゼントしています。

波乱万丈な人生の中で気づいた大切なこと

ひとり起業家 file No.12

楽しく稼ぐ主夫

藤野淳悟

episode

1

なんでもできると信じていた幼少期とのギャップ

自信に溢れていた幼少期

スピードスケートのオリンピック選手だった父親と、なんでも許してくれる母親の元で育ったからかもしれません。幼少期、「やればできる」という根拠のない自信がありました。

小学校入学のとき、親の転勤で札幌から釧路に転校し、なかなか友達が作れないことがきっかけとなってサッカーを始めます。時は経ち、小学6年生の最後の大会。私達は釧路市で優勝し、全道大会の壮行会が全校生徒の前で行われたのです。

そこで私は1ミリの迷いもなく「全道大会で優勝して全国へ行ってきます」と宣言。

そして、本当に全道大会で優勝。あの頃は、何の疑問も持たないくらい、自信に溢れていたんです。

p 208

やりたいことがわからない

そんな幼少期から一転。サッカーが終わってやりたいことが何もなかった私は、なんとなく工業系の会社に就職を決めました。

しかし、３ヶ月で退職。辞めた理由は、単純につまらなかったから。周りには白い目で見られました。でも、これが人生最大の正解だったんです。

そして、ここから転職をひたすら繰り返すことになります。

仕事がとにかく続かない。だって、全部つまらないから。

今思うと、あのとき、私は選び方を間違えていました。やりたい仕事を探していたのが間違い。そんなものはないのだから。

人生の本業は仕事ではありません。

やりたい仕事を探すのではなく、どんな生き方をしたいかを知ることが大切なんです。

工業系の会社に勤めた後はアパレルの仕事をしました。単純にモテそう、という動機。

しかし、アパレルの仕事もすぐ辞めることに。この頃にバンドも始めました。

次に、パチンコ屋に転職しました。給料は良いけれど、毎日が騒音の中の勤務。

これもすぐに辞め、次は深夜の居酒屋に就職しました。深夜働けば給料も良いし、日中も時間ができると思ったけれど、そう上手くはいかず、結局辞めることに。

この頃には19歳になっていました。周りは就職して楽しそうに働いていたり、学生を満喫したりしている中、自分は仕事も続かない、金もない、車もない。

あるのは高校時代から乗っている、シャフトの曲がったスーパーカブだけ。現実と夢との狭間で悩み死んでしまった方がいいのかもと思っていたとき、昔の彼女からある人を紹介されたのです。私が生まれ変わった瞬間でした。

転機となった一言

元彼女に「格好いい人がいるから会いに行こう」と、1ミリもそそられない誘い方をされました。紹介された人はアツシさんという、私の5つ年上の男性。出会って衝撃を受けました。本当に格好いい。露骨なイケメン。男爵と呼ばれるほどのイケメン。

アツシさんのオフィスは、潰れた喫茶店を改造した場所でした。

とにかくアツシさんは格好よく、お洒落で、熱い。一瞬で虜になりました。

そして、私の人生を変える一言を放ったのです。


「明日から沖縄なんだよなぁ。何泊しよっかなぁ。」

えっ？　何泊しよっかなぁ？　当時20歳の私には理解ができませんでした。帰る日を決めないで沖縄へ行く、ということが。

その一言を聞いたとき、私は自分がどんな生き方をしたいのかわかったのです。


「好きなときに、好きな所へ、好きな人と、好きなだけ行きたい」と。


つまり、自分の時間を制限されることなく自由に使って生きたいと思ったのです。

それから私は、学んで学んで学んで、動いて動いて動きまくりました。

睡眠時間を減らすためにベッドは撤去し、カーテンは真っ赤にしました。寝落ちか気絶の毎日。


そして20歳のときに起業したのです。

悲劇の連鎖

そんなとき、悲劇が相次いで起こりました。

アツシさんを紹介してくれた元彼女が事故で記憶喪失になったのです。

さらに、母親が自殺未遂をします。

「母さんが死ぬなら僕も死ぬ」と、台所に包丁を取りに行こうとしたときに母親が正気を取り戻し、自殺を食い止めることができました。自分の恩人はみな不幸になるのか、と何とも言えない暗い気持ちになりました。

母親の自殺未遂の原因は借金でした。私が肩代わりすることにしたのですが、力のない私に払えるはずもなく、消費者金融でお金を借り、雪だるま式に借金は膨らんでいったのです。

その額、250万円。

20歳、藤野淳悟、オワタ。返しても、返しても減りません。ポストには取り立て業者からのメモの嵐。玄関の扉に、蹴りを入れられた足跡が付いていたこともあります。

もう、前に進むしかありませんでした。ガチの背水の陣。セミナーに行き、人に会い、アップデートをひたすら繰り返しました。

その甲斐あって、１年半で自分のビジネスが形になったのです。仲間も増え、少しだけ贅沢ができるようになりました。カップラーメンからラーメン屋くらいの贅沢だけれど。順調に業績も上げ、少しばかり顔も知られるようになっていきました。

しかし、順調な日々は長く続きませんでした。歯車がずれ始め、築き上げたビジネスの基盤が２４歳のとき、全て壊れたのです。お金もなくなり、また貧乏生活が始まりました。

いまだになんであんなことになったのか、はっきりとした原因はわかりません。周りにいた仲間も、嘘のように離れていってしまいました。

徒歩で日本縦断～ゴミ拾いの旅～

何もかも失った私は居場所がなくなり、冬はアジトでスタッフとして働かせてもらうことにしました。

ある日、アジトのボス、ダイスケさんから呼び出されました。いつも笑顔のダイスケさんが、そのときはピリッとしていたのを覚えています。

「そろそろ徒歩日本縦断ゴミ拾いの旅を再開しようと思っている。行かないか？」と。

「徒歩日本縦断ゴミ拾いの旅」とは、ダイスケさんが昔やった伝説の旅。名前の通り、徒歩でゴミ拾いをしながら日本を縦断する、というもの。「行きます！」と、宣言しました。

今だからわかるけれど、無知は武器です。

「徒歩で日本縦断って何ヶ月かかるの？」「いくら必要？」と、ダイスケさんに聞いても微笑むだけ。何もわからない私が「なんとかなるか」と思ってつくったお金は5万円でした。

まずは、スタート地点である沖縄へ。出発まで時間があったので、沖縄で遊びまくること数日。その結果、スタート時点で手持ちは５０００円になっていました。

沖縄から九州に渡るフェリーの代金は約１万円。さっそく５０００円足りません。

さぁ、君ならどうする？

私が辿り着いた答えは「インスピレーション詩人で稼ぐ」でした。やったことはありません。やる前にわかることなんてないでしょう？

道具を５００円くらいで揃え、国際通りに座りました。看板には「あなたの目を見て直感で詩を書きます」と。値段はお客さんが決めるシステムです。

最初のお客さんは、とても素敵なおばさまでした。精神を集中させて書いた結果、１０００円いただくことができました。そしてなんと、その日にキッチリ1万円稼げ、九州に渡ることに成功したのです。私は新たな能力を身につけました。

その後、遭難したり大量の猿と戦ったりと様々な試練を乗り越えながら、詩人で日銭を稼ぎつつ北上。

その間、今までの自分の人生を幾度も振り返りました。なんであのとき仲間が離れていったのか。自分は何がしたいのか。毎日自分に問い続けたのです。

このときの経験は今も活かされています。自分の心の声に耳を傾けることでしか、本当にやりたいことなんてわかりません。

このとき私は、札幌に帰ったらもう一度ビジネスにチャレンジして自分の人生にリベンジをすると決めていました。次こそ絶対に成功してやる、と。

無事、帰還するが…

関東、東北を抜け、ついに北海道に上陸。この頃には北海道に帰ってからのチャレンジに胸が踊っていました。

最終地点である稚内に向かう前に札幌に寄り、私を送り出してくれたアジトへ行きました。

しかし、そこで私を待っていたのは温かい仲間達ではなく、辛い出来事だったのです。

アジトに着いてみんなに「ただいま」と伝えたけれど、なんだかみんなよそよそしい。

私は足早にアジトを出て、泣きました。それきりアジトには行っておらず、本当の理由は今もわかりません。また、仲間を失ったことだけはわかりました。

私は、時々人の気持ちがわからないらしいのです。自分では考えているつもりだけれど、夢中になると周りが見えなくなるようです。

その後、そのまま北上し、稚内宗谷岬でゴールを迎えました。旅で得たものはとても大きかったけれど、帰る場所を失ってしまいました。

episode 2 波乱と挑戦の日々

結婚と再起

それから少しして彼女ができ、結婚し、子どもが生まれました。しかし就職もせず、バイトを転々とする日々。

つくづく思うけれど、我ながらほんとクズだよね。こんな私と結婚してくれた奥さんには、頭が上がりません。

ただ、このとき私はビジネスへの再起を図っていたのです。ひたすら勉強していました。

次は、負けないために。

まずは大通りにオフィスを借りました。オフィスと言っても3畳1間のゴキブリが出る和室。押し入れには前の住人が置いていった大量のアダルトビデオ。

この場所で仲間とひたすら学び続けました。この日々は今でも原点だと思っています。月日は流れ、コツコツとやり続けた結果、1年ほどで自分のビジネスで暮らせるようになったのです。

このときの私の信条は、「周りの人と同じことはしない。周りの人と同じことをしていたら、最初はいいけれど時間が経てば飽和して上手くいかなくなるから。周りが理解できなくても、少し先のことやる。頭では理解できるけれど、行動が追いつかないくらい少し先の考え方。ある意味、謎の集団になる。外野に疑問を持たせる。外野からすると、気にはなるけれど理解はできない。外野にわかるくらい上手くいき出して周りが真似する頃には、また新たな手を打つ」というものでした。詳しいビジネスの内容は、後で説明します。

この頃、子供も増え3姉妹のパパになり、公私ともに順風満帆な日々を送っていました。

舞台デビューと脳梗塞

ひょんなことから、舞台デビューをすることが決まりました。昼の仕事と自分のビジネス、それに舞台稽古が加わり、なかなか忙しい日々が続きました。連日の厳しくも楽しい稽古をこなし、本番まであと2週間。

そんなとき、父親から一本の電話が来ました。「母さんが倒れた。ＩＣＵにいる」と。脳梗塞でした。ＩＣＵに駆けつけると母さんは管だらけで、会話ができない状態だったのです。

私はすぐに昼の仕事を辞めました。自分のビジネスだけで食えるところには来ていたし、会社には未練なんて微塵もありませんでした。

なによりも大切な人がピンチのときに会社に行くとか馬鹿だろう？　昼は病院、夜は舞台の稽古、合間に自分のビジネスという慌ただしい日々をしばらく送っていました。

イベンターとセミナー講師とＤＪ

母親が退院して、やっと落ち着いた日々が戻ってきました。私も３０歳を過ぎ、大人になった…と思ったけれど、全くなっていませんでした。

好奇心が、挑戦欲求が止まりません。この頃行っていたビジネスをご紹介します。

一つはイベンター。最初は先輩のオフィスにバースペースがあったので、そこを月に1回借り、シークレットバーという少し恥ずかしい名前でオープン。

はじめは10～20人くらいのお客さんでした。しかし「シークレット」という響きが魅力的だったようで、気付けば50人くらい集まるようになりました。

お客さんが入りきらなくなったので月に2回に増やしましたが、それでもパンパンになるので、友人の紹介で「FELIZ」というラウンジを借りて、100人規模のイベントに変更。札幌で平日の夜にやるイベントとしては1・2位を争うものでした。

イベント名は「Kudetor（クーデター）」。毎月パフォーマーやゲストを呼び、大盛り上がり。

そのイベントで生まれたアイドルが「Fundoshi boys」。

私がプロデュースしたメンズアイドルグループです。細マッチョのイケメン3人が、ふんどし姿でテキーラを配ったりダンスをしたり、きわどい組体操をやったり。あれは今思い出しても最高。

この頃DJもやり始めました。30歳越えてチャラくなり始めるパターン。危ない奴だよね。

DJは一度、先輩のご好意でZepp札幌の舞台でやらせてもらったこともあります。本当に少しだけね。1000人以上の人の前でプレイしたのは、いい思い出になりました。

他にも、ありとあらゆるイベントを開催してきました。「死んだらごめんツアー」と称し、まだ流行する前のラフティングツアーやサバゲーなどを行いました。

そして、何より楽しかったのが「サンタジャック」。３０人くらいでサンタの格好をして地下鉄に乗り込む、というもの。やる方も見る方もハッピーになるイベントでした。

イベントをやり始めたと同時に、経済セミナーも始めました。エルプラザの大会議室で月2回、１５０人くらいの人が受けに来たこともあります。セミナーの売上げだけで１０万円以上になることもありました。

イベントもセミナーも楽しかったし、生計を立てられるくらいの規模になっていましたが、ふと疑問を持ちました。

私は別にイベンターやセミナー講師をしたいわけではない、と。これではダメだと思いました。私は自由になりたい。自由になるためには自分のビジネスをもっと伸ばしていく必要がある、と。

そこで、イベントもセミナーも規模を縮小させました。心から楽しめなくなったら辞めないといけない。時間は限られていて、いつ死ぬかわからないのが生物ですから。３０代中盤、「本当にやりたいことはなんなのか」真剣に考え始めた頃でした。

再チャレンジ、そして地獄

３０代後半になり、自分のビジネスの収入を上げようとチャレンジし直すことにしました。チャレンジすると失敗もあります。現状の幸せを手放すことになるかもしれない恐怖もあります。

でも、新しい生き方を目指すことに決めました。そこからはもう動きに動きまくるのみ。自分と向き合う時間も必要です。自分がどこに向かっているかわからなくなるのが、一番危ないから。

約1年、全てをこのチャレンジに捧げました。トラブルもあったし、反感もありました。傷付きまくった日々でした。でも、それ以上に夢中だったのです。

そして、成し遂げることができました。最高の瞬間！仲間も増え、慕ってくれる人、褒めてくれる人もたくさん増えました。

しかし、その状態は長く続きません。トラブルで全てが崩れたのです。

ビジネスができなくなりました。詳しいことは伝えられないけれど、とにかく私の配慮不足・力不足です。今思い返しても心がギュッとなります。

このときは泣きました。ダメになることがわかったとき、雪が降る中泣きながら歩きました。収入も４ヶ月止まり、他にも収入はありましたが、奥さんと娘３人で生活するには毎月２０万円ほど足りません。

どうやって補ったのかわからないくらい、夢中でお金を稼ぎました。

不幸も幸福も、私は噛み締めます。けれど、家族に大変な思いをさせたことは申し訳ないと今でも思っています。しかし、お金は大変だったけれど不思議と毎日幸せでした。

その理由は、毎日家族と夕飯を食べられたから。それまでは、家族と夕飯を食べられたのは年に3回くらいでした。

私が望んでいたのは、家族と過ごす時間をたくさん持つことだったんです。

そんな大切なことに気付いたのはこのときでした。これが、私の人生の大きな軸になりました。しかし、お金の問題は続きます。溜まっていた支払いをすべて終え、手元に数百円しか残らない事実に直面したとき、私は限界を迎えて壊れました。

生まれて初めて発狂し、死にたいと本気で思いました。何もかから逃げたいと。

これを読んでいる人は地獄の始まりのように見えるかもしれないけれど、安心して。ここからとても良くなるから。この出来事で、私たち家族の絆は深まったのです。

格好つけたがりの私が初めて、本当の藤野淳悟になれた日でもありました。

episode

3

気づいた大切なこと

家族の絆

壊れた私を見て、結婚してから12年ほど専業主婦だった奥さんが求人情報を見るようになりました。「どうしたの？」と、聞くと「ママも頑張る」と。泣けました。

奥さんが専業主婦ではなくなることに悔しい思いはあったけれど、支えようとしてくれていることが嬉しかったのです。

娘達にも、我が家の経済状況を正直に話しました。

そして、みんなで笑いました。ここで笑える家族って凄いですよね。乗り越えられる力がある、ということですから。

それから、**私は収入源を増やすこと**にしたのです。まずは飲食店。土日祝日限定のパフェ屋さん(今はパキスタンカレー屋に変更)を開店。他に人材派遣の仲介、不動産の仲介など、細々入れると10個の収入源をつくることに成功しました。

そして現在、引き続き家族全員で戦い中。

子ども達はスクスク育ち、夫婦も仲良く過ごしています。稼ぎはまだまだ足りません。でも、今が幸せだと心から思います。**幸せは、良好な人間関係で決まります。**幸せは伸び率。ここから伸びていくことができると思うと幸せです。

遠回りの40年だったけれど、大切なものに気付くには、大切な40年でした。

お金も大切。時間も大切。健康も、もちろん大切。

でも、**なによりも大切なのは、愛**。締めくくりが「愛」。

くさいでしょ？

でも、私が辿り着いたのはそれだったんです。

愛があれば、ピンチも乗り越えられる。愛があれば、貧乏も乗り越えられる。

愛があれば、生きていけます。

さいごに

長々と読んで頂き、ありがとうございました。まだ、私の人生は第一章くらい。これからの物語は、またいつか書こうと思います。これまでの数倍面白い人生になっているでしょう。

だって、愛を手に入れているんだから。愛が全て。

人生を変えてくれた「マーケティング」

ひとり起業家 file No.13

仕組み化オタク

須賀龍平

episode

1

ビジネスを確立するまでのストーリー

はじめに

はじめまして。須賀龍平です。私はバンドマンです。そしてマーケターです。2年ほど頑張っていたバンドが解散したことをきっかけに、マーケティングビジネスの世界にバチャンッと、飛び込みました。マーケティングにもたくさん種類があります。その中でも私は、ダイレクトレスポンスマーケティングというものを行っています。海外のマーケターを参考にビジネスをしているため、最先端を走っていると言えるでしょう。

ダイレクトレスポンスマーケティング以外にも、それに付随したランディングページの制作やコピーライティング代行・自動化の仕組み作り・コンサルティングなども行なっております。

こうやって硬い文章を書いていますが、実物の須賀龍平はかなりフランクで、ふざけることや下ネタが好きな２５歳です。でも、やるときはやる男です。

ビジネスモデル

私の仕事はメッチャ簡単に言うと、お客様の収入を伸ばすことです。

例えば、最近の事例で言うと０の状態から始めたにも関わらず、とある TikToker の仕組みを作成して、初月から３３万円ほどの売上げを出しました。

この方に関しては、まだまだ売上げが増える見込みで、近いうちに１００万円は超えるでしょう。

お客様が「自分ではできないけれど、やるべきであること」を、私が代わりにやる。

これが私のビジネスと言えます。もう少し具体的にお話しすると、先ほど紹介したダイレクトレスポンスマーケティングをフル活用します。

すでに自社商品がある方の場合は、どうすれば売上げが最大化されるのかを教え、サポートや代行サービスを行います。

また「現状は商品が何もないけれど、副収入がほしい」と、考えているお客様の場合は、オリジナル商品の作り方からサポートします。

商品ができた後は、どのような経路でそれを販売をしていくのか、どのような文章を書けば売上げが伸びるのか、さらにどのような順番で商品を提供していけばいいのか、というところまでお伝えしています。

諦めてばかりの人生

私のこれまでの人生、色々なことがありました。

正直に話すと、諦めてばかりの人生だったのです。確か小学2年生の頃、「僕は医者になる！」そう言っていました。そこから時間が経ち、中学3年生になる頃には自分の学力があまりにも足りないことに気がつき、医者という夢を諦めたのです。

余談ですが、好きな子にもフラれまくりで恋愛も諦めていました。

そして高校生になった私は、ミュージシャンを目指します。歌い手の活動もしていましたが、それは2週間で諦めました（今では黒歴史です）。

高校卒業後は音楽の専門学校に入り、「これで成功できる！」と考えていましたが、そんな簡単にいくわけがないですよね。バンドを組んでは解散。また組んでは解散。

そんな日々の繰り返しでした。

「最後のチャンス！」そう思って卒業後に組んだバンドは長く続き、2年ほど本気で頑張りましたが、メンバー間の仲の悪さで呆気なく解散。

「どうせいつかダメになるのだろう」と、心のどこかで諦めていた自分がいたのだと思います。「やっぱり僕は、何をやってもうまくいかないんだ」と、思っていたときに出会ったものがマーケティングでした。

マーケティングは、私に「諦めない」という選択肢を与えてくれたのです。

音楽活動がきっかけでマーケティングに目覚める

音楽の裏側を少しお話しします。音楽で生活するためには、ライブハウスにたくさんのお客様を呼ぶ必要があります。

なぜなら、ライブハウスに出演しただけではお金がもらえないからです。

出演費がもらえるのは、ひと握りの売れっ子だけ。私たちみたいな知名度のないミュージシャンはお金をもらうのではなく、「ライブハウスにお金を払って出演」しています。

「何の収益もないのか？」というと、そうではありません。

お客様のチケット代から出演にかかる費用（ライブハウス会場費など）を差し引き、残ったお金が給料となるのです。そのため、たくさんの収益を得ようと思えば、たくさんのお客様を呼ぶ必要があります。

他にはグッズ販売で稼ぐ方法もありますが、在庫を抱えるリスクがあることと、初期費用がかかるため、現実的には難しいのです。

やはり、お客様をたくさん集めるしか稼ぐ方法はありません。

「お客様を集めるいい方法がないかなぁ」と、考えていたときに「マーケティングだ!」と、思いつきました。

効率よくオンライン完結で費用を調達し、ライブハウスへの集客につなげる。それを達成させるものが、マーケティングです。

そこで私は、マーケティングを必死に勉強しました。

そしてマーケティングを身につけた結果、音楽でお金を生む仕組みが完成。SNSや広告を駆使して、インターネット上でお客様を集めればいいだけの状態をつくることができたのです。

自分の夢である音楽活動を成功させるための知識が、今や人のためのビジネスに役立っているとは、このときは思いもしませんでした。

episode

2

マーケティングが人に役立つビジネスに

人に感謝される仕事

さて、このようにお金になりにくい音楽のような職業であっても、マーケティングを学べば稼ぐことができるのです。

この知識を活かして、今はあらゆる人のサポートをしています。

音楽と現在の仕事を同時並行で行うようになったきっかけは、最初はただお金が欲しかったから。「世界を救いたい」とか、そんな壮大な夢を掲げていたわけではありませんでした。

しかし、今の仕事をしているうちに「お客様の売上げを伸ばして、自分も稼げるなんて最高やん！」と思い始めたことで、一気にこの仕事にのめり込みだしたのです。

今でも鮮明に覚えているのですが、最初の仕事は「商品販売ページを作ること」でした。「自分の知識を販売したいけれど、やり方がわからない」とおっしゃる方のサポートです。初めてのお客様が初めての売上げを出したときは、本当に嬉しく、本当に楽しいと感じました。もちろん、最初だけではなく今でも、楽しくて楽しくて仕方がありません。

楽しい音楽と、楽しい仕事。

このどちらにも取り組めていることは、最高に幸せです。誰に何を言われても、私は自由に生きていて、良い人生を歩んでいると自信を持って言えます。

マーケティングという、私にとって良い人生に導いてくれた「きっかけ」に出会えてよかった。学ぶチャンスを、迷わず拾ってよかった。心から、そう思います。

あなたに伝えたいことが、１つあります。

チャンスやきっかけは至る所にあります。些細なことでも「諦めない」という選択肢を与えてくれます。いつでも人は変化できるのです。

この本にだってチャンスやきっかけは、たくさんあります。ほんの少しでいいから、それに気づいてください。そうすることで、あなたの景色は変わるでしょう。

「少しでもあなたの心に響けば…」そう思いながら書いたので、ぜひ最後までお読みください。

episode

3

お金を生み出し続けるコツ

学ぶことと行動すること、そしてシンプルな3つのもの

「稼ぎ続けるコツは何ですか？」と聞かれたとき、私の中で明確な答えがあります。それは、**「常に学び、常に行動すること」**。この言葉が全てだと信じています。

また、稼ぎ続けるために必要なものは3つあります。それは、すでに99%の方が持っているであろう、**スマホとパソコン、そして知識**です。この3つがあれば、お金を生み出すことは簡単です。

自分の頭の中にある、とっておきの知識をインターネットを使って誰かに教えてあげる、たったこれだけのことでお金を稼ぐことができるのですから。

知識が格差につながる

私は、知識を得るために毎日勉強をしました。ブログを読んだりYouTubeを見たり、有料コンテンツを購入したりしました。特にお金を払って情報を買うと、無料で学ぶことより何倍も頭に入るため、おすすめですよ。

もし何から学べばいいのか分からないのであれば、マーケティングを学んでください。知識をお金に変える方法や、0から1を生み出す方法が見えてくるはずです。これからの時代は知識の差が、そのまま格差に繋がります。というか、もう繋がっています。

有名な話ですが、クレジットカードを作った人と作らない人では、それだけで数万円の差が出るのです。いわゆる自己アフィリエイトです。ぜひ、「A.8net」や「ハピタス」というサイトに登録してみてください。そして自己アフィリエイト、もしくはセルフバックという欄からクレジットカードを作ってみてください。やることはこれだけです。

すると、数日から数週間後にお金が振り込まれます。なぜお金がもらえるのかというと、クレジットカード会社はカードが使われるたびに手数料で儲かるからです。

そのため、お金を払ってでもカードを作ってほしいんですよね。

私たちはクレジットカードを作るだけでお金がもらえるし、会社側はそのカードが使われれば儲かる。誰がどう見てもＷｉｎ－Ｗｉｎです。

実はこの方法って、私たちのような業種であれば常識。

しかし、この自己アフィリエイトを知らない人は、この数万円を手にすることはできないのです。

このように、知識があればお金になることや、知識があれば損をしないことは、世の中にはビックリするほどたくさんあります。

きっと、あなたの想像の何倍も何倍もあります。

だからこそ常に学び、知識をつけ続けないとダメなんです。

「私はバカだから」とか「低学歴だから」とか、そんな言葉は今すぐに捨ててください。

私もバカで低学歴です。でも、ここまでくることができました。

もちろんこれからも、知識を吸収し続け、行動し続け、もっと上を目指していきます。

弱音を吐いたり、学ばないための言い訳を考えていたりする暇があるなら、今すぐに学び、行動してください。知識をいっぱい手に入れてください。

それが、これからの時代を生き抜き、人生をより良いものにするたった１つの方法です。

スタートラインに立っているだけではダメ

この本を読んでも、行動に移せない人は多いでしょう。「なにかしたい」と思いながらも何もできない人は、少なくありません。でも、それでは全く意味がないのです。

知識をつけてお金を稼ぐためには「自分から貪欲に動くこと」が、何よりも大事です。

まずは動いてください。とりあえず行動してください。

あなたが思っているよりも、お金を稼ぐことは簡単です。だって、スマホとパソコンと知識の3つがあればいいのですから。

もちろん、細かい技術を学ぶタイミングが来ることもあります。しかし、一度学んでしまえば、どこにいてもどのタイミングでも何歳になっても、稼ぎ続けることは可能です。

今の時代は、ほぼ全員が稼ぐためのスタートラインに立っている状態です。あとは全力でスタートするだけ。

技術の進歩は、私たちに多大なる影響を与えてくれました。良い時代ですよね、本当に。

さいごに

一歩踏み出したり、新しいことを始めたりすることは、少なからず勇気が必要です。失敗する可能性も否めません。しかし、チャレンジすることをあきらめないでください。人は、チャレンジをやめた瞬間に心が荒んでいきます。

そしてその人生は曇っていくことでしょう。**人生を輝かせる一番のスパイスはチャレンジすること**。これに関して異論は認めません。確信がなくてもいい。自信がなくてもいい。怖くてもいい。これが一番大事です。

とりあえず行動

就職を選択せず20歳で月収100万円

ひとり起業家 file No.14

古着転売のプロ

須田しょうま

episode

1

流されるままに進学や就職をする人に疑問

現在20歳の私が起業の道を選んだ理由

初めまして。だっちこと須田祥愼と申します。私は現在、関西を中心にせどらー（転売）向けの古着卸をしています。他にも、youtubeで自分の成長過程と古着の売り方を発信しています。このビジネスを始めて半年ほどになりますが、最高月収は１００万円です。

２０歳という若い年齢でなぜ就職や進学を選ばず、自分自身で稼ぐ道を選んだのか。それは、私と同い年の方の考え方に疑問を持ったからです。

「やりたいことがわからない」と言っているのに、周りに流されて就職や進学をしている。もし、この本を手に取った方がそのような選択をしようとしているのであれば、少しでもお役に立てないかと思い、私の話をここに記させていただきます。

「なんとなく大学」を辞めようと思ったわけ

私がビジネスをやりたいと思ったのは高校3年生の時です。ちょうどビットコインが流行っていた頃でした。父親が自営業をしていたということもあり、家ではお金についての話が飛び交っていました。

そこで、インターネットや本などでビットコインや株式についての勉強をしました。しかし、調べれば調べるほど投資というものは資本金が必要で、１０万円や２０万円があったところで運用できないことがわかってきます。

そんな私の姿を見た父親が１８歳の時にくれたものが「ユダヤ人の教え」という本。とても有名な本なので内容は省略しますが、簡単に説明すると「冴えない大学生がアメリカに行きお金持ちのユダヤ人と出会いビジネスを学んで、日本に帰りセミナーを開くと大成功した」といった内容です。この本を読み、衝撃を受けました。

この本を読んだ時期が偶然にも高校3年生の1月頃。まさに進路選択の時期でした。

そのときは何もしたいことがなかったので「適当な大学を探して4年間遊ぼうかな」くらいに考えていました。

しかし、本を読んで以降、自然と手に取っていたパンフレットは留学に関するものばかり。その時の心情としては「日本以外の色々なビジネスを見てみたい！」でした。

留学を考えていることを友人に伝えると驚かれました。それもそのはず、当時の私の成績はお世辞にも良いとは言えず、英語は２０点が平均点数だったからです。

周りからは「そんな無計画で大丈夫なんかよ」「就職してお金が貯まってから行けば？」などと言われました。正直、私自身もそう思います。言っていることもめちゃくちゃだし、海外に行ったからといってビジネスを学べる保証もありません。

しかし、自分が初めて「やってみたい！」と思えることだったので、着々と留学準備を進めました。

フィリピンへ留学

留学が決まりそのことを先生や友人に伝えると、多くの人が応援してくれました。今思うとその環境はとてもありがたいものでした。

留学先はフィリピンにしました。１８歳、中学英語も怪しい状態だったため、はじめはビジネスどころではありません。会話ができないのですから。毎日単語帳とにらめっこをする日々でした。

そんなことを２ヶ月もしているとフィリピン人の友達が１人、２人とでき、気づけば６人ほどで学校帰りにビリヤードをするような交友関係を築けるようになりました。

「あれ、何をしにここに来たんだっけ?」

そうなんです。英語を話せるようになると遊ぶことが楽しくなり、またお酒やクラブの楽しさを覚えたため、留学して３ヶ月間はずっと遊んでいたのでした。

※フィリピンでは１８歳からお酒とクラブ出入りが許されています。

吉か凶か？Aさんとの出会い

留学して４ヶ月ほど経った頃、このままではいけないと「ユダヤ人の教え」を思い出し、色々なところへ行き色々な人に声をかけます。

意外にも、経営者が多くいた場所はクラブのＶＩＰルームでした。経営者以外にも投資家やデザイナー、Ｗｅｂデザイナー、不動産屋などたくさんの職種の方と話をすることができました。

経営とはどういうものなのか、お店を建てるためにはどれくらいのお金と信用がいるのか、などを聞いていくと、フィリピンでは最低６００万円ほど必要なことがわかりました。

ここでまた挫折をします。「結局お金がないと何にもできないんだ」と。

途方に暮れていたときに出会ったのが、日本人のＡさんでした。このＡさんがその後、私の人生を大きく変える一人になります。

Ａさんは当時２１歳で、腕には高級時計、持ち物も全部高価な物。いかにもお金持ちという感じの装いで、当時１８歳の私からするとすべてがキラキラして見えました。

Ａさんに一目惚れした私は、稼ぎ方を教わるべくカバンもちをすることに。カバンもちをするということは、四六時中そばについて営業と集客について勉強するということです。

しかし、このとき私はまだこのビジネスがＭＬＭ（マルチレベルマーケティングの略で連鎖販売取引。ネットワークやマルチ商法とも呼ばれる）だと気づくことができませんでした。

そして泥沼へ

フィリピンに住み始めて７ヶ月経った頃、英語の勉強をしながらＭＬＭの勉強をするという異様な状況になっていました（このときは異様だと思っていませんでしたが）。

そんなある日、Ａさんが急に「日本に帰る」と言い出します。私はＡさんに心酔していたので「僕も帰ります！」と伝え、留学生活にピリオドを打ちます。知り合いが一人もいない大阪に行きＭＬＭで生計を立てることになりました。

日本に帰ったとき、私は１９歳で貯金は１０万円ほどしかない状態。知識は何もないにも関わらずＭＬＭの組織に入り、無我夢中で営業をしていました。

初月で稼いだお金は３万円。貯金と合わせると１３万円しかないにも関わらず、家賃と食費・携帯代を合わせると１５万円が必要。どうあがいても２万円足りません。

このときはＡさんがお金を貸してくれ凌ぐことができましたが、ここから私の人生はどんどん落ちていきます。

営業にも慣れ、2ヶ月3ヶ月と経つ頃には、着々と収入は上がっていきます。が、その分出費も増えていくのです。なぜ出費が増えるのかというと、MLMは私がお金持ちであると周りの人に錯覚させなくてはいけないからです。

必要のないブランド品を買ったり、高級な料理の写真を撮ったりすることに大金を使わなければいけませんでした。その間、借金は20万円、30万円とどんどん膨らんでいき、どんどん追い込まれていきます。

半年ほど経つと、Aさんと私のキャッシュは底をつきました。服や小物は全身で100万円以上あるけれど、財布の中には1000円もないという有り様。

そしてノルマが達成しなければ、3時間ほど反省するという日々。今でこそ笑い話ですが、なかなかのブラックでした（笑）。

ここでようやく私は気がつきました。「こんなビジネスモデル、崩れる時は一瞬だ」と。

episode 2

泥沼から這い上がるためにしたこと

沈んでいく感覚を自覚

この生活から抜け出すためにどうすべきか考えました。自分の取り分を少なくし、人に外注して自分の時間を作り、空いた時間に必死で勉強をしました。

その中で、営業は物を売るのではなくて自分を売り込むことだと学びます。

勉強の甲斐あって8ヶ月目には月収単位で70万円ほど稼げるようになりました。組織化（自分が動かなくても誰かが働いてくれる）もできるようになっていました。

しかし、お金を得ても支出が増えるため、財布の中身は相変わらず1000円ほど。また私はあることに気がつきました。「稼いでもしょうもないプライドで全部消えているやん」ということに。

いくら稼いでも借金は増え続ける一方。その反面、組織はどんどん大きくなっていき、自分の責任だけが重くなっていきます。

感覚としては、底なし沼にどっぷり浸かっている感じ。もがけばもがくほど沈んでいき、抜け出せない状態になっていきました。このとき色々な方に「じゃあ、辞めればいいやん」と言われたのですが、毎日の借金返済とAさんからの圧力で、正直冷静な判断ができない自分がいました。いわゆる洗脳状態だったのでしょう。

そんな私でも頑張った甲斐があり、お金はありませんがポジションとしては良い位置にいたので、ＭＬＭ組織の内部情報などが入ってくるようになりました。

辞める決意

１０ヶ月ほど経った頃、明らかにみんなの売り上げが下がっていき、トラブルが少しずつ増えていきました。そんな背景も相まって「辞める準備をしよう！」と決意します。

当時１９歳の私の返済金額は１ヶ月２０万円以上。

「しっかり借金を返して真面目なビジネスをしたい！」と考えました。

そこからの1ヶ月は今までの3倍のスピードで営業をこなし、インフルエンザになりながらも電話営業を一日6件するような日々を送ります。

借金も半分ほど返せるようになり、足りない分は自分の持っている服や時計、鞄をメルカリで売り、おかげさまでようやくMLMを辞めることができました。

これが後のビジネスにつながるとは、この時は思いもしませんでした。

辞めたときはホッとした気持ちと、これからどうしようという不安がありました。辞めたからといって、借金がまだ30万円近くあります。さらに今まで積み上げてきたMLMの能力はどこにも使えないし、住む場所もありません。

そんなとき、今の彼女と出会いました。彼女は元々クライアントで、お互いわからないことがあれば相談するような仲でした。

そして一番近くで私の行動を見ていたこともあり、すぐに助けてくれました。すごく嬉しい気持ちと反面申し訳ない気持ちがあったことを、今でも鮮明に覚えています。

新しいビジネスモデルの開花

状況は変わらず、お金を得る方法はありません。何もしないままだとお金が減っていく一方。焦りを感じ始めていました。そんなとき、ふと思い出しました。

「そういえば僕が持っていたブランドの財布や鞄ってメルカリで売れたよな？」と。

ここでメルカリの即金性の高さと初心者でも簡単にできる点に目をつけます。

「初心者がメルカリで稼げる方法をＳＮＳやYouTubeで発信して、ある程度実力ができたら提供する側になればいいんじゃないのか？」と。

そう思い立ち、すぐにYouTubeのアカウントを作成しました。営業慣れしていることもあり、カメラの前で話すことは苦ではありませんでした。発信の準備はできたものの、お金も持っていないし何を仕入れて良いかもわかりません。

そんなときにYouTubeで見つけたのが古着転売でした。ざっくりとした内容は、リサイクルショップで仕入れた物をメルカリに出品し、差額が利益になるというもの。

「これならできるかも！」と思ったのですが、単価が８００円だとしても１００個買うだけで８万円もかかります。

さらにＳＮＳ発信するには話題性が足りず、すでに古着転売で稼いでいる人もたくさんいる状況。また振り出しに戻ることになりました。

「成人式　ネクタイ」というビッグワード

途方に暮れていたときに、母から一本の電話がありました。

「あんた、そろそろ成人式だけど実家に帰ってくるの？　帰ってくるならスーツとネクタイ持ってきなよ。」

このとき、頭に雷が落ちたのを今でも覚えています。

「そうだ！　ネクタイがあるじゃないか！　成人式で２０歳になった若い男の子は少しでもかっこいいネクタイが欲しいはず！　その日しか使わないから中古でも全然問題ない！」

思い立った私はすぐにリサイクルショップへ駆け込みました。

まずは数本のネクタイを仕入れ、メルカリに出品してみます。すると驚くことに、出品して３日で完売。利益は数百円ですが、このときに確信しました。ネクタイは稼げる、と。

その後の行動スピードは早く、Twitterで有名なせどりをやっている方やYouTubeの情報発信者に連絡し、何人かとお電話もさせていただきました。そして全財産を中古ネクタイに投資しました。これで失敗したら、借金も返せないし彼女にも顔向けできなくなると、必死で仕分けをしました。

ネクタイ販売ビジネス、開始

1ヶ月目はメルカリで8万円ほどの純利益を上げたので、その経験をnoteというプラットフォームに書くことにしました。すると思いのほか反響があり、私のTwitterなどを見て真似する方も増えてきました。

そこで2ヶ月目からは「どうやったら稼げるのか?」を中心にコンテンツを制作。みんなが小売をするなら私は卸をしようと考えました。

業者から大量にネクタイを仕入れ、パッケージにし、その間にもコンテンツはどんどん売れていったのです。

そんなことをしていくと色々な方に注目され、無料でコンサルを受けたりネクタイの仕入れ先を教えていただいたりし、どんどん収入が上がっていきました。そして私が得たビジネスモデルを色々な方に還元するなどしました。このようにして、慌ただしい2ヶ月目が終わる頃には月１００万円ほどのお金を稼ぐことができるようになったのです。

このとき初めて、トレンドを見つけることの大切さとＳＮＳの影響力の大きさを知ることになります。

成人式は終わり、トレンドは一過性に

しかし、お金を稼ぐのはそんな簡単なことではないと3ヶ月目で思い知らされます。成人式が終わり、ネクタイはどんどん売れなくなっていったのです。

そこで、またＳＮＳなどで情報収集をし、古着転売を始めることにしました。

しかし、私はファッションについて全くわからない状態。「これが人気なのか?」「これが売れるのか?」と手探り。

「これはかっこいいから仕入れよう」と、主観で仕入れた結果、10万円ほどの赤字になりました。このままではダメだと思い、改めて勉強し直そうと決意したのです。

Bさんとの出会いで新たなビジネスモデル

勉強しようと思った頃、東京に住んでいる30代のBさんと知り合いました。

その方は昔、アメリカにある古着の倉庫で働いていた経験があり、知識の豊富な方でした。

Bさんと話しているうちに、お互いの足りていない部分が見えてくるようになりました。

私は古着自体の知識が足りておらず、BさんはSNSの発信の仕方がわからない状態。そこで私は、MLM時代に培った営業をします。

「Bさん、僕がお客さんを集めるのでBさんは古着の仕入れをしてくれませんか? そうするとお互いの足りていないところを補いながら一緒にお仕事できると思うんです。」

Bさんは快く賛成してくれました。私は早く形にしたくてすぐ東京に向かい、Bさんに会って今後どうしていくかを綿密に話し合いました。

しかし、ここでもまた問題が出てきます。

「仕入れるお金はどうするの？　二人合わせても４０万円も集まらないよ…。」

二人ともフリーランスになったばかりだったこともあり、まとまったお金も銀行の信用もありません。

しかしすでにＳＮＳでは「卸を始めます！」と、発信してしまっているので、周囲からのプレッシャーはある状態。

そんなときに２０代のＣさんからダイレクトメッセージが届きました。

「だっちさんと会ってみたいです！」と。「会ったところでな」と思ったのですが、切羽詰まっていたため、なんとなく会うことにしました。

するとびっくり。その方は金融業をしていて、とあるファンドを立ち上げた方だったのです。

そして私の今の事情を話し「協力してくれないか？」と聞いたところ、快諾。仕入れ金を貸してくれることになりました。このようにして３人で古着卸のビジネスを始めることになったのです。

episode

3

コロナで狂った計画を立て直すまで

コロナ禍に突入

仕入れ先のタイに行く飛行機のチケットを取ろうとした矢先、コロナが流行。当時は３人とも浮かれていたので、とてもショックだったのを覚えています。

しかし、くよくよしていても先には進めません。

オンラインで仕入れることができるルートを見つけ、そこで７０万円分ほど仕入れました。そして仕入れたものを私のところに送ってもらい、仕分けをしながらその作業をYouTubeで発信。お客さんを少しずつ集めていきました。

その努力もあり、商品は１ヶ月半で完売。３人で利益を分配することができました。

このようにして、物を売るとはどういうことなのか?みんなは何を求めて何を買いたいのか?などを勉強することができ、とても良い経験になりました。

もちろん卸に関しては、未だに勉強中。利益なんて正直ほとんど出ていない状態です。

しかし、自分たちでホームページを作ったり、どのようにすればみんなに納得いくインセンティブを渡せるのか考えたりすることがとても楽しく、生きている感じがすごくあります。

さいごに

私は、ここ1年で色々な経験をしました。騙されることもありました。

お金が底をついたこともありました。しかし一番大事なのは、**自分が落ちたときにどれだけの人が周りにいて、どれだけの人が助けてくれるのか**だと気づきました。

お金を稼ぐ面では、**どんな人がどんな物をどれぐらい欲しいのか、細部まで考えないと全然売れません。**この経験を今の10代や20代の方にも身をもって経験していただきたいです。

私の同級生から話を聞いても「やりたいことがない。みんなが大学に行っているからそうした。」という方が多いです。

自分のしたいことを見つけることができるよう、どんどん行動してください。

色々な経験を積んで、自分が本当にやりたいことを探してみてください。

私は、これからもそんな方達をお手伝いできるよう頑張っていきたいと思います。

鬱から年商億超えの複数経営者になった思考

ひとり起業家 file No.15

鬱から億万長者

刀禰毅

episode 1

大学を中退後「たった3ヶ月」で月収7桁に到達

p 262

はじめに

こんにちは。刀禰毅（とねつよし）です。僕は今、潜在意識に関する教育事業で月利8桁をコンスタントに稼ぎ出す実業家として活動しています。27歳という若さにして月の最高売上は2500万円、そして月の最高粗利は2000万円に到達するようになりました。手前味噌ですが、創業わずか2年で月8桁稼ぐ27歳は他に探してもなかなかいないでしょう。

こう言うと「コイツは順風満帆な人生を歩んできたに違いない」と思われるかもしれませんが、決してそんなことはありません。

ここに辿り着くまでのプロセスは、本当に山あり谷ありでした…。

そこで本書では、精神障害者手帳２級を取得しながらもそれを克服し、幸せな経済自由人として自己変革してきた僕の伝記をお伝えします。

僕は過去にカンボジアの首相と対談したり、深センのライオンズクラブで資産１１桁以上の超富裕層に向けて講演会をしたりした経験があり、圧倒的な格上とばかり過ごしながら自分のステージを引き上げてきました。

ズバリお金を稼ぐためには、格上の人に触れながら「当たり前の基準」を自ら上げていく必要があるのです。そういった「お金持ちへと駆け上がるための極意」についても紹介していくので、幸せなお金持ちに向かって共に突っ走っていきましょう！

メンヘラ状態に陥った学生時代

創業たった2年で月利8桁を達成した僕ですが、学生時代は多重人格を持つ友人と出会ったことを境に人間不信に陥り、精神的に悩まされる日々が続きました。

俗に言う「メンヘラ」状態となってしまい、大学にも通えないほどの精神状態だったのです。

振り返ると、学内のサークルでも一人だけポツンと浮いてしまうシーンが幾度となくありましたし、次第に自分は社会不適合者だと自覚するようになりました。

そして「このままじゃ精神的にも限界だ」と思った僕は、3回生となる20歳の時に思い切って大学の中退を決意します。

1日中家に引きこもり Twitter のフォロワーを3ヶ月で10万人に

大学を思い切って中退したものの、その先どう生きていけば良いのかも分からず「不安な日々」が続きました。自分が社会に溶け込む姿も、会社に出社して額に汗水流しながら働く姿も到底イメージできませんでしたから…。

とはいえ、ニートとして生きていくわけにもいかず、ある程度生活するお金も必要だったので、「なんとか現状を打破しなければならない」と奮起し Twitter を活用したアフィリエイトを始めます。

しかし、大学を中退した僕に誇れる実績なんて何もありませんでした。今でいう「インフルエンサー」的なポジションなんて、到底取れるはずがありません…。

そこで僕は、みんなが面白いと思うような情報を調べまくり、ひたすらツイートを継続することにしたのです。それも、一日中家に引きこもりながらずっと。するとみるみるフォロワーが増えていき、3ヶ月でフォロワーはなんと10万人に到達しました。

気づけばTwitterのアカウントも20個ほど同時並行で運用するようになり、中には1日でインプレッションが数百万にも及ぶバズツイートが生まれることもありました。そのおかげで、アプリを紹介するアフィリエイトで月収100万円を超えるようになったのです。

短期間で圧倒的な結果を出せた2つの要因

なぜ20歳だった僕がたった3ヶ月でTwitterのフォロワーを10万人までに伸ばし、月収100万円を超えられるようになったのかというと、その要因は2つあります。

１つ目は「失うものが何もなかったから」、そして２つ目は「何をやるにしても１番を目指したかったから」です。

①失うものはもう何もなかった

僕は精神的な落ち込みを機に大学を中退していたので、それ以上に失うものは何もありませんでした。

だからこそ、圧倒的な結果を出すまでブチ抜けることができたのでしょうし、今思い返すと、ある意味これがビジネスにおいて最強の精神状態だったのかもしれません。

それに大学を中退したこともあって、１日中家に引きこもっていました。

それだけ１日の生活に余白があったからこそ、Twitter にずっと没頭できたのだと思います。この時間的余裕がビジネスでの成功を呼んだと言って良いでしょう。

なのでもしもあなたが最速でブチ抜いた結果を出したいのであれば、圧倒的に暇な時間を確保し続けてください。

その空いた時間を使って、自分のビジネスへ打ち込んでいきましょう。

②何をやるにしても1番を目指したかった

そして僕は極度の負けず嫌いだったので、何をやるにしても「どうせやるなら絶対に1番を取りたい」と考えていました。

だからTwitterの運用にしてもアフィリエイトの収益にしても、周りの人たちに絶対負けたくなかったんです。この単純な自分のエゴが物凄い原動力となって、自分の想像を絶するほどの結果を出してくれたのだと思います。

その後は20歳で法人コンサルをするようになり、10社にも及ぶクライアント企業を同時に持つようにもなりますが、やはりそのエネルギーの源泉となったのも「一番になりたい」という強い想いでした。

１ヶ月半で投資家70人から４０００万円のお金を集めるも大きな失敗を経験することに…

大学を中退後にアフィリエイトや法人コンサルで月３００万円以上を稼ぐようになりましたが、その後は大きな挫折を味わうこととなります。

僕がそれまでやっていたのは無料アプリを紹介するアフィリエイト。一件あたりの紹介報酬がかなり低く、薄利多売な商売に嫌気がさしていたのです。そこで僕は「もっと高単価な商品を売りたい」と思うようになり、金融系の投資案件に関する営業を始めました。

７０人の投資家から約１ヶ月半で合計４０００万円のお金を集められたのですが、後にその投資案件は詐欺であることが発覚し、投資家から預かっていた約４０００万円のお金が飛ばれてしまったのです。

投資家の自己責任だとはいえど、やはり中には痺れを切らして僕に怒鳴ってくるお客さんもいました。当然僕にそれらのお金を補填するほどの資金なんてありませんでしたし、僕はこれまで経験したこともないような「人生のどん底」を感じてしまったのです。

自分が責任を取れないビジネスはやるべきではない

僕は正直かなり背伸びをしながら営業活動をしていたのですが、この失敗を機に「自分が責任を取れないことはやるべきではない」と強く感じるようになりました。

「もっと上に行きたい」という気持ちが高まると同時に、本来自分が手に負えないことまで背伸びして追いかけるようになっていたのです。

しかしそのスタンスだと、最終的に他人へ迷惑をかけてしまうんだなと身をもって体感しました。それを皆さんにも十分に分かっておいてほしいと思っています。

episode

2

半年で3億円を売り上げて学んだ「一番」になる重要性

詐欺によって投資家の計４０００万円にも及ぶ資金を溶かしてしまい、その後は地元大阪のドコモショップで１年間働くこととなります。

しかし過去の栄光も全て水の泡に消えた中で働く日々はとても辛く、ストレスがかなり溜まりました。

3億円を売り上げるも自分の手元に残った取り分はわずかだった…

しかし、しばらく働いたあとはまた自分でビジネスを立ち上げようと再奮起し、カンボジアで金融系の事業会社を設立しました。そこで僕は、２４歳にして半年で事業会社における代理店の権利を3億円売り上げたのです。

ほとんど広告費もかけることなく、ほぼ自分の営業だけで億単位の売上を記録したのですが、ここから取れる自分の利益は２０％にも及びませんでした。

なぜなら、その利益のほとんどがトップである代表者に取られていたから。僕は組織で一番と言える存在ではなかったので、いくら売上を出しても自分の手元に大きな利益が残ることはなかったのです。

大きな利益を稼ぐためには自分がトップでいなければならない

この経験から、**事業を大きくして自分の利益を最大化させるには、自分が代表権を持って事業の舵取りをできる状態にならなければならないこと**を学びました。

どれだけ能力が高くても、自分が決裁権をもって事業展開できなければ利益率も自由度も下がります。現に僕が自力で売り上げた3億円のうち、取り分が20％程度しかありませんでしたからね。

だからこそ、次は自分が決裁権を持てる会社をやろうと決心したのです。

episode 3

潜在意識の書き換えで数千万円を売り上げる事業家に

潜在意識で最高月収２０００万円に

その後僕は弱ったメンタルを克服するべく、自分の精神を一から整え直しますが、そこで「潜在意識」に関する事業を始めることとなります。

そもそも僕が「潜在意識」に興味を持つきっかけとなったのは、あらゆるものを見通せる一人の霊能力者に出会ったことです。この出会いが、後に僕の人生を劇的に変えました。

その霊能力者に惚れた僕は１年間本人のそばで学びましたが、彼からの教えを受ける度に「もっと潜在意識について知りたい」「もっと社会の仕組みについて知りたい」と思うようになったのです。

そしてそこで培った心理学や脳機能科学を活かし、潜在意識の書き換えに関する研修を事業として始めました。そしたらなんと、その研修で初月の利益が800万円、そして最高月収2000万円を達成できたのです。

成功の秘訣は自分の弱みを強みに変えること

僕の教育研修は2日間の売り切り型。それでも開始からわずか1年半で売上2500万円を達成したのですが、その秘訣は**「自分の弱みを強みに変えて、実体験ベースでコンテンツを売ったこと」**にあります。

まさに**「自分のやりたいこと」**と**「得意なこと」**を掛け算して**成功**しました。

僕は障害者手帳2級持ちの鬱に陥っていましたが、そういった自分の弱みを強みに変えたのです。その体験を通して「うつ病でもお金を稼げるようになれること」を実体験ベースでみんなに教えていきました。「どんな人間でも精神的にかなり良い状態に持っていける」ということを、身を持って体感していたのです。

そして**ビジネスをやるのであれば、必ず「勝てる市場」を選び、かつ「自分が一番の存在であること」が大切**でしょう。

僕はこれまで投資案件の営業や事業会社の設立など、数々のビジネスを展開してきましたが、「潜在意識」に関する事業は全て自分がハンドリングできたのです。

自分が代表者なので、当然全てを自分の裁量でできますし、報酬も全て自分で決められますからね。

自分にある「当たり前の基準」を最短最速でぶっ飛ばす

以上が僕の波乱万丈な人生の伝記でしたが、なぜ僕がここまで急速にお金を稼げるようになったのか。

その答えは**「圧倒的に稼いでいるお金持ちと付き合うようにしていたこと」**にあります。

圧倒的にお金を稼ぐために必要なのは、**自分の当たり前のレベルを引き上げること**です。

これが全てだと言っても過言ではないのですが、お金持ちは一般人と比べて「当たり前の基準」が全く違います。

だからこそ、すごい人と会ってあって当たり前の基準を上げておくことは非常に重要で、実際僕の周りにも富裕層の人がたくさんいました。

例えば僕は、資産数百億円以上の富裕層が集まる財閥グループの方々や、深センライオンズクラブの超富裕層まで、様々なお金持ちに向けて講演会をしながら交流してきました。

そういう人と出会うことで、自分のマインドブロックがぶっ飛び「当たり前の基準」が上がっていったのです。

とはいえ、必ずしもみなさんが資産数百億円以上の富裕層に会わなければ成功しないというわけではありません。

大事なのは、なるべく早い段階で人よりも色んな経験をすること。

僕はこれを最短最速でやってのけたから、同世代でも高い成果を出せたのです。

さいごに

僕はワークライフバランスを考えながら「自分のやりたいこと」を軸に生きています。その気になれば、自分より格上の圧倒的なお金持ちと交流しながら最短最速で超富裕層の仲間入りを果たすことも不可能ではありません。

しかし、それでも僕は「潜在意識の書き換え」という自分のやりたいことを優先してやっているので、月の利益も「あえて」２０００万円程度におさえているのです。

幸せな経済自由人として生きていくなら、何よりもワークライフバランスを重視しなければなりません。また、**お金を稼いでいくためには「正しい潜在意識」を持ちながら「正しい人間関係」を引き寄せることが必要**です。

例えば自分が不純な人間なら周りにも不純な人間を引き寄せるでしょうし、自分に悪い野心が少しでもあれば、周りにも悪い野心を持った人が集まります。

実際に僕がビジネスで失敗してしまった時は自分が変な野心を持っていたので、周りにたくさん悪い野心を持つ人を引き寄せてしまいました。

そう、大事なのは全て自分の潜在意識です。もしもあなたが、これから自分にある「当たり前の基準値」を上げつつ、さらに上のステージで活躍していきたいと思うのであれば、ぜひ僕の公式ＬＩＮＥアカウントに登録し、潜在意識についてもっと深く学んでみてください。

これを登録するかどうかで、人生が全く違うものになるでしょう。そのくらい重大な決断です。

僕は既に圧倒的な豊かさを手に入れており、本物の余裕と幸せも掴みました。

このままの人生でいくか、潜在意識を書き換えて半自動で豊かな人生にするか。

ご選択下さい。

圧倒的需要「Lステップ」での成功体験

ひとり起業家 file No.16

Lステップの神

中村誠

episode

1

月収1000万円以上を安定的に稼ぐ「Lステップ」ビジネス

p 280

はじめに

はじめまして！　中村誠と申します。私は今、LINE公式アカウントの性能を10倍高める「Lステップ」を活用したDRM（ダイレクトレスポンスマーケティング）の専門家として活動をしています。まず、実績をご紹介します。

●物販ビジネススクールやファッションスタイリスト講座販売などで年間3億円以上の売上げに貢献

●オンラインサロンランキング一般部門1位の「人生逃げ切りサロン」を運営するインフルエンサーやまもとりゅうけん氏のマーケティングパートナーに。フリーランスビジネス診断やＬＩＮＥ学習アプリの仕組みを作成。また、有料講座を開発し、デイリーのサロン入会者数1日３０人以上を達成。月売上げ３０００万円の仕組構築に成功

●億越えマーケターやインフルエンサーなどの実力者１８１名に成果を出させる。ＬＩＮＥマーケティング売上最大化・自動化の仕組み化プロとして、自身のＬステップコンサルティング&構築代行サービスでは、広告を使わず Twitter からの集客と紹介だけで毎月利益１０００万円越えを達成

●初心者も含め、Ｌステップ構築代行サービスで月収１００~５００万円を稼げるようになった人を半年で１０名以上輩出

これらが私の直近の成果です。本章では、私がどのような経緯で今のビジネスに取り組んでいるのか？　Ｌステップとは何なのか？　そして、フリーランスとしてＬステップビジネスで成功する秘訣などについてお伝えしていきたいと思います。

Ｌステップとは？

Ｌステップとは、ＬＩＮＥ公式の性能を１０倍高める高機能配信スタンドで、私のマーケターの師匠である田窪洋士さんが２０１７年2月に開発されたものです。

日本では８３００万人がＬＩＮＥを利用しており、複数のコミュニケーションアプリが乱立している他の国と違い、ＬＩＮＥ一強となっています。

ＬＩＮＥを無視してビジネスをすることが許されないほど、コミュニケーションツールとして浸透しているのです。

さて、ＬＩＮＥにはプライベートで使うＬＩＮＥと企業がビジネスで使う「ＬＩＮＥ公式アカウント」というものがあります。

現在、ＬＩＮＥ公式アカウントは３００万アカウントもあります。ビジネスで顧客とつながるツールとして不可欠になりつつあり、これからも公式アカウントを取得する企業はどんどん増えていくでしょう。

しかし、ＬＩＮＥ公式はマスに対してのアプリであるがゆえ、細かいユーザーニーズにまだまだ答えきれていない部分がたくさんあるのです。

そこで作られたものがＬＩＮＥ公式の拡張ツールである「Ｌステップ」。

一言でお伝えすると、通常のＬＩＮＥ公式ではできない、ほぼすべてのことができる魔法のツールです。

具体的な機能をご紹介します。

●ステップ配信
●配信やステップメッセージを人によって変える
●メールアドレス、電話番号などの顧客データをＬＩＮＥの名前と紐づけて一元管理
●送った動画を何分見ているか計測
●抽選やくじ引きでエンタメ感を出す
●診断形式にし、選択に合わせてお客さんごとに違う結果を見せる
●どの広告やどのＳＮＳから入ってきたかを特定し、媒体ごとの成約数を計測
●お客さんごとの見込み度合いをスコアで計測
●セミナーの出席確認
●決済した人とそうでない人を特定

これ以外にもたくさんのことが「完全自動」でできるのです！

「利便性がやばい！」と一躍評判になり、マーケティング業界に広まったのを皮切りに、現在ではコロナ問題に寄与する形でダイヤモンド・プリンセス号の元乗客とのやりとりのために導入されたり、東京都をはじめとした官公庁に導入されたりしています。

さらにはTwitter上のインフルエンサーや、就活ランキングにも入るような大手企業などにも認知が浸透してきているところです。

このように本当にすごいツールなのですが、本気で活用するためには独学では難しい部分があります。

そこで、私はこのLステップ活用術を指南するコンサルタントになったのです。

次章では、私とLステップの出会いなどについてお話します。

episode 2

Lステップはとにかくスゴい！

ブラック×ポンコツ

少し自己紹介も兼ねて、過去に遡ります。大学時代、経済学部で財務会計やマーケティングについて学んでいた私は、このような性格でした。

- ●チームよりは一人でやりたい
- ●勉強や自己投資が好き
- ●ルールを守るのが苦手

いかにも社会不適合な価値観（笑）。

「将来は一人で自分のペースで、食いっぱぐれないジャンルの知識をそのまま商品としてビジネスできたらな」と、漠然と考えていました。

しかし、そんなムシのいい仕事はなく、就職氷河期に加えてコミュ力が足りなさすぎた私は、なぜかブラックで有名な某アパレル企業に就職することになります。

入社してみると、ウワサ通りの激務。当時は本当に仕事ができなくて、ミスばかりしていました。（シンプルに当時の私がポンコツすぎて、上司の方には本当に迷惑をかけたと反省しています。）

休みの日は上司からの追及電話が1日3〜4件かかってきて、映画の1つもまともに見ることができない状態。一生こんな生活が続くのかと思うと、この先に自己実現のビジョンはどう考えても見えませんでした。

夢だった「カフェで、ＰＣ一台で仕事する」生活

「恐怖で突き動かされる働き方」に違和感としんどさを感じ、半鬱病状態になりながら仕事を辞め、自分探しを始めることにしました。

学生時代に思い描いていた「会社になんて行くことなく、カフェでＰＣ１台で自分のペースで稼げる、そんな都合のいい仕事はないか」なんて思っていたとき、ネット物販ビジネスに出会います。

「インターネットと外注化を駆使すれば、ビジネスオーナーとして月収１００〜５００万円が自動で入る仕組みを作れる！」

そう気づいた私は、すぐに物販ビジネスをスタートしました。

当初の望みであった「ＰＣ１台で、のんびりカフェで仕事」スタイルが手に入り、いろいろと失敗はしながらも月商で４００万円程度をコンスタントに稼げるようになったのです。

アレ？なんかちがう・・・

しかし、描いていた理想とは違っている部分も多く、たくさんの在庫を抱える物販ビジネスに難しさやストレスを感じる日々が続きます。頭の中は常に資金繰りのことでいっぱい。人に任せることも意外と苦手で、完全に労働収入でした。

お金を生み出さないエクセルの資金管理シートをいじってばかりの生産性の低い毎日をただただ過ごし、時には眠れない夜を過ごすこともありました。そこで状況打破すべく、在庫を抱える必要のない情報発信ビジネスに、徐々に軸足を変えていったのです。

具体的には、物販ビジネスのスクールを開講し、スクール代という無形サービスで売上げを上げていく方法です。

これによって「在庫を抱えて稼ぐ物販」と「在庫を抱えずに稼ぐ情報ビジネス」というハイブリッドな稼ぎ方が確立したのです。実は、このスクール運営を一緒にやっていたのが、Lステップ開発者の田窪さんです。彼との出会いは、田窪さんの会社で人が足りない時期に2年間、マーケターとしての修行をさせていただいたこと。ちょうど情報発信ビジネスを極めたいと思っていた私のニーズとマッチしたことによる出会いでした。

Ｌステップとの出会い

マーケティングのイロハもわからなかった私は、田窪さんの会社でいろいろと学びました。

このときにＬステップと出会うことになります。

田窪さんの会社のオンラインスクールを販売し、売上げを最大化させながら作業を極小化するためにどのように活用をすればいいか、常に考えて行動を続けました。

この3年間で1日たりとも、Ｌステップの画面を見なかった日はありません。

「どうしたらＬステップを使って自動化を進め、かつ売上げを大きくしていけるか?」を追求した結果、年間2億円の売上げをつくることができました。

また、２０１８年からは個人でＬステップのコンサルサービスを開始。

たくさんの業種に使っていただいているため、それぞれ違った活用をしたいという需要があります。これに対し、どのようにＬステップで打開できるか?

このことを模索した結果、さまざまなシチュエーションにおけるＬステップでの問題解決ノウハウを蓄積することができたのです。

あの有名なインフルエンサーたちが・・・

徐々にLステップをビジネス化しつつあった2020年1月、何気なく始めたTwitterで、23歳で年収2億円近くあるすごいインフルエンサーからコンサルの依頼がきたのです。

「こんなすごい人にもLステップって需要があるのか!」と、驚愕しました。

それを皮切りに、Twitterを通してたくさんの大物インフルエンサーたちからLステップの相談を受けることに。

ビジネスYouTuberとして最も早く参入し、今は10万人以上のチャンネル登録者数を誇る「やまもとりゅうけん」さんの構築代行案件では、月間売上げを3倍にする仕組みをつくることにも成功しました。

他にも、「フリーランスビジネス診断」の仕組みがバズり、多くの大御所マーケターたちのロールモデルになったのです。

そして、2020年7月、りゅうけんさんのサロンメンバー500人を集めたセミナーに登壇させていただき、そこで一気にLステップの認知度が広がりました。

２０２０年、Ｌステップで月収１０００万円達成

もともとはＬステップのコンサルティングのみを行っていたのですが、派生的にこのようなビジネスも立ち上げました。

●Ｌステップの構築代行サービス
●Ｌステップの構築代行育成サービス
●Ｌステップを使ったプロモーションサポート
●Ｌステップ正規代理店紹介業

「Ｌステップを導入してビジネスをする」と一口に言ってもたくさんの需要があります。それに応えるかのようにビジネスを立ち上げ続けた結果、気がつけば私の月収は１０００万円を安定的に達成できるようになっていました。

昔はお金のことで頭がいっぱいの毎日を過ごしてきましたが、今ではお金の心配をすることはほとんどありません。

「Lステップ、夢があるな」と私自身が一番体感しています。

ただ、私以外にもLステップで成果を上げている方は多数いらっしゃいます。

●まったくスキルのない主婦が月収１００万円をコンスタントに達成
●自身のサービスがそんなに売れていなかった人がLステップで月収１５０万円を達成
●動画編集コンサルタントがLステップも教えるようになって月収２００万円から６００万円にアップ
●広告代理店をやっている２３歳がLステップを覚えて売上げ3倍に
●２３歳の大学生が月収１００万円から５００万円に
●YouTubeプロデューサーがLステップをビジネスに取り入れて売上げ２５００万円を達成

このように、ゼロベースの方はもちろん、すでにある程度スキルを持っている人がLステップを掛け合わせることで、さらに利益を上げたというケースも多くあります。

Lステップで発揮する3つの効果

●自動化して時間を減らす
●見える化する
●売上げアップ

仮に売上げが変わらなかったとしても、手間が減るだけでも十分やる意味はあります。

自動化して手間を減らし、お客さんの情報をすべて見える化できれば、お客さんの属性に合った配信が可能です。

販売を自動化すれば、あとは集客だけを行えばいいのです。その集客の質を上げることにも、Lステップは活躍するでしょう。

店舗を運営していたり、何か無形のサービスやコンテンツを販売していたりする場合でも、Lステップは活躍します。

episode 3

Lステップはブルーオーシャン！

Lステップの代行単価はこんなに高い！

「Lステップを自分でやるのが面倒くさい」という方は多いです。そこで、Lステップ構築代行サービスが最近はやってきています。

フリーランスのクライアントワークは、プログラミングや動画編集、デザインなどさまざまですが、その選択肢の中に「Lステップ」が入ってきているのです。

Lステップは掛け算しやすく、クライアントワーク単価を4倍以上に引き上げる威力があります。

たとえば、一般的なホームページ作成の相場は20～100万円ほどだと思いますが、Lステップなら100～400万円ほどでもクライアントが納得してくれます。

それは、Lステップではあらゆることが行えるからです。

メニューにホームページの要素を持たせながら、さらにプッシュ型マーケティングを組み合わせることができます。

さらに、そこまでスキルが高くなくても、デザイナーへの指示の仕方次第でUI・UXにこだわりやすく、楽しさやデザイン性、ゲーム性を持たせることもできます。

また、Lステップは稼げるだけでなく、マーケティングスキルが勝手についてくることも魅力です。

Lステップは元々、マーケター向けに作られたツールで、タグ機能や分析機能、配信機能などを活用できれば、勝手にマーケティングの考え方がインストールされるようにできています。

私自身、Lステップにマーケティングスキルを叩き込んでもらったことで、コピーライティングやセールススキルなどが自然と身についていきました。

「食いっぱぐれないスキル」を身につけたいという願いが叶ったと言えるでしょう。

そのため、私と同じように汎用的なスキルに憧れる人にとっても、すごくおすすめです。

Ｌステップで世の中の全ての非効率にサヨナラできる

世の中には、たくさんの「非効率」が存在します。登録後一度クーポンが来ただけでそのあと何の連絡もない飲食店のＬＩＮＥや、何時間も待たされる役所の手続、わかりにくい申し込みサイト…

このような非効率のせいで、多くの人が人生の貴重な時間を失っています。そんな非効率なマーケティングをすべて塗りかえるポテンシャルが、Ｌステップにはあるのです。

煩雑な情報をさくっとＬＩＮＥで整理するだけで…

あるいはセールスライティングを取り入れて定期的に配信するだけで…

さらには裏側の分析を少し整えるだけで…

たったそれだけで、劇的に改善できるのです。

「まだ何のスキルもない」「これから何か食いっぱぐれないスキルを身につけたい」という方は「Ｌステップを学ぶ」という選択肢をおすすめします！

さいごに

「人生諦めなければ必ず道は拓ける」ということを、みなさまにお伝えしたいです。かつての私は劣等感の塊でした。何をやってもうまくいかない、そんな時期をたくさん経験してきました。「人生詰んだ」と思った回数は数えきれません（笑）。

これまで人生においてさまざまな「制約」に縛られて生きてきましたが、スキルを必死に積み上げたことで、たくさんの選択肢を得ることに成功しました。フリーランスで成功することで得られる幸福度や自由度は、はかり知れません。これは「私だからできた」ではなく、「こんな私でもできた」という話。つまり、あなたもできるのです。これから何かスキルを身につけて自由に稼げるようになりたい方は、Lステップを強くおすすめします。

「現実的に」稼ぐ。ブログ×ビジネスを掛け合わせた成功方法

ひとり起業家 file No.17

ブログの顎ヒゲ先生

はっせー

episode 1 ビジネス開始までのストーリー

はじめに

はじめまして。はっせー（長谷川優太）と申します。現在27歳、都内暮らしの個人事業主です。趣味は、いきなりステーキの肉マイレージを貯めること。ちなみに独身で彼女募集中です。

現在は、主に個人向けWebマーケティングコンサルタントとして活動し、コンテンツ販売やサロン運営、個人コンサルティング、コミュニティ運営、セミナー講師などをしています。ありがたいことに生徒も100人ほど抱え、最高月収も300万円を超えることができました。そんな私、元々は普通の会社員でした。仕事にやりがいは感じていたものの、入社1年目（23歳）のときすでに収入面や体力面で将来への不安を感じ始めていました。

そこで、副業としてブログ運用をすることにしたのです。当時はカメラ関係の記事を書いていましたが、１００記事書いても収益ゼロという結果。

しかし、現状を変えたい気持ちを諦められず、しばらくしてからＷｅｂマーケティングの個人コンサルを受けることにしました。

その甲斐あって、２カ月後にアフィリエイトで収益化に成功！　半年後には会社員時代の給料を超えることができました。この話は後ほど、詳しくお伝えします。現在はこの経験を活かし、Twitter（フォロワー１５０００人）やYouTube（登録者１０００人超）、公式ＬＩＮＥ（登録者３０００人弱）など、様々なメディアで発信活動もしています。

月収300万円のビジネスの中身

私のメインの仕事は個人コンサルティングです。個人で実践できるＳＮＳマーケティングやブログ運営、オリジナル商品の制作および販売を、オフラインでマンツーマン指導したり、月に数回セミナー講師もしたりしています。

その他にも、様々なビジネスを展開しています。たとえば、オンラインサロンの運営。月額2000円で参加でき、ブログ関係の方々が情報共有したり、お互いに高め合ったり、学んだりする場となっています。

他には、自らのオリジナル情報コンテンツの販売やコピーライターの指導、アフィリエイトなどで生計を立てています。

最高月収300万円を達成したものの、現状には全く満足しておらず、目標に向かって努力している最中です。叶えたい目標は、まだまだたくさんあります。

直近の目標をご紹介します。

■オンラインサロンメンバー100名以上
■Twitter フォロワー3万人突破
■100人規模のオフ会開催
■アイブロウサロン店舗経営（利益毎月100万円）

なぜこのような目標を立てたかというと、過去の私と同じように現状に悩んでいる人を救いたい、という思いがあるからです。

そして、関わった人と共に新たなビジネスも展開していきたいと思っています。

美容系で起業しようと今年から動いているのですが、それもビジネスで関わった方と一緒に立ち上げる予定となっています。人と関わってビジネスをしていくことが、今の理想だと感じています。

さて、こんな私ですが3年前までは悩みが絶えない日々を送っていました。毎日消耗して疲弊していたのです。次節では、私の社会人時代から今のビジネスにいたるまでのストーリーをお話しいたします。

10年続けても給料が変わらないという現実

こんな私が書籍の執筆をしているなんて、今でも信じられません。

それくらい、私は普通の人間でした。特に頭が良いわけでもなく、成績はオール3レベル。社会人になってからも仕事で良い成績を残せるようなエリートなんて程遠く、言われた仕事を淡々とこなす毎日でした。

私は、救急車が来るような大きな病院で働いていました。「病院勤務」と言うと、「医者みたいでスゴイ！」なんて思われがちですが、私の職種は理学療法士。

簡単に説明するとリハビリの先生で、病気やケガで身体機能や精神機能に障害を患ってしまった方の回復をサポートしたり生活支援をしたりする仕事です。

人の役に立つ仕事だし、命を救うこともある、責任のある仕事だからこそやりがいはありました。新卒の頃の私は、向上心を持って毎日仕事に励んでいました。

しかしそんな中、将来を考えるきっかけとなった出来事が起きました。それは、先輩との飲み会でのことです。１０年目の先輩が発した一言に、私は衝撃を受けてしまいました。

「お前とほとんど給料変わらないよ？」

その先輩は資格もたくさん持っており、勉強熱心で、学会での発表や研究もかなりこなしていた方でした。だからこそ、ショックでした。

「え？１０年も働いて、２０万円ちょいしか稼いでないの？」「この先結婚したら、どう生活していけばいいの？」と色々な不安が脳裏をよぎり、現状を変えようと決めた瞬間でもありました。

ブログビジネスをスタートするも収益ゼロ

「現状を変えよう」と、決意したものの何をしたらいいか全くわかりません。転職を検討しましたが、理学療法士の給料相場が低かったため、転職では意味がないのです。

そもそも何かを始めるにしても、貯金ほぼゼロ。そこで「まずはお金を稼ごう」と思い、稼ぎ方を調べることにしました。

YouTube・ブログ・投資や物販…あらゆる稼ぎ方を調べた結果、資金が少なく始められるブログをやることにしたのです。

ブログでの稼ぎ方を徹底的に調べ、わかったことがいくつかありました。

■ブログで広告を貼ると、閲覧数に応じた報酬が入る。
■ブログで紹介した商品が売れれば、販売代行費として収入が入る。（アフィリエイト）
■ブログで稼ぐためには「とりあえず１００記事」書く。

この3つを軸に動こうと決めました。「とりあえず100記事」書くことについては当時、同じことがネット上でたくさん書かれていました。

そのため、100記事を書くことを目標に決めたのですが、これが後に私を壮絶に悩ませる原因になるなんて、このときの私はまだ知る由もなかったのです。

手始めに、大学時代にハマっていたカメラのことなら書けるかなと思い、カメラ関係のブログを書くことにしました。残業が終わった後、カフェに行き、ひたすらブログを書く日々。

毎日毎日更新して、休みの日はいつもより多くの記事を書き、友達と遊ぶ時間やテレビを見る時間、ゲームをする時間、すべてを削りました。しかし、書いても書いても、収益はゼロ。

それでも、「まだ100記事書いてないからかな…」と言い聞かせ、更新し続けました。

そして半年後、ついに目標数を達成！

しかし、変わらず収益はゼロ。当然、挫折しました。パソコンを開く気にもなりません。

「結局、凡人にはできないことなのかな。」そんな思いを抱き、一度手を放してしまいました。

episode
2
念願の脱サラ、そして更なる向上へ

ある人との出会いが転機に

１カ月ブログの更新を辞め、のんびりと過ごしていたある休みの日、たまたまTwitterを見たことがきっかけで、運命の人と出会いました。女性ではなく男性ですが…。

その方をHさんとします。Hさんの Twitter に載っているブログを見たときに、衝撃を受けました。それは、Hさんが３０記事程度しか書いていないにも関わらず、月収５０万円以上を毎月安定的に稼ぎ、フリーランスとして生活をしていたからです。

「なぜ自分は１００記事書いて稼げないのに、この人は３０記事で稼げているんだろう」と不思議に思い、そのブログを徹底的に読み込むことに。結果、あらゆることに気がつきました。

稼ぎ方も違えば集客経路も違う、ライティングスキルも圧倒的だったし、とにかく「質」

が明らかに違いました。(詳しくは私のYouTubeで解説しています。)

「なぜ、ここまでのスキルがあるのだろうか?」と、Hさんに興味を持ち、思い切ってTwitterのダイレクトメールで質問をすることにしました。何度かやり取りをする中で、Hさんとは住んでいる場所が近いことがわかり、実際に会うことに。

そしてHさんと話す中で、私がうまくいかない理由がはっきりしました。それは「自分だけの力でやろうとしていた」ということです。野球で例えるのであれば、私は一人河川敷で壁当てや素振りをしている状態。それに対してHさんは、クラブチームに入っていて教えてくれる監督や切磋琢磨し合える仲間と野球をしているような状態でした。

自分一人で壁当てや素振りをしていても、もちろん慣れはするけれど、「何がいけないのか」もわからなければ、「どれくらい頑張らないといけないのか」もわかりません。

一度は諦めかけたブログをもう一度、Hさんに習って始めることにしました。

そこからの変化は、自分でも信じられないほどです。実際に間違えているところを軌道修正してもらえるし、そこがなぜ間違えているのか、その理由も丁寧に教えていただけたので、どんどん成長していきました。教えてもらってから、考え方(マインド)からスキル、人脈など、何もかもが好転し始めたのです。

そして何より、力がついていく感覚が実感できたため、「楽しい」という感情が生まれました。

最初の３０００円が大きな一歩に

まずは、Ｈさんに簡単なアフィリエイトを教えてもらいました。そして、これまで力を入れてこなかったTwitter集客や公式LINEなどのリストマーケティングも教えていただき、結果、２カ月ほどで収益化することに成功。

その額、３０００円！　たった３０００円でしたが、自分の力で収益化できたことが心の底から嬉しく、ベッドにダイブし大喜びしました。そして半年後には、会社員時代の給料を超える収益を得られるようになったのです。

その後、有料商品のアフィリエイトやオリジナルコンテンツの販売、個人コンサルティングサービスの開始など、何から何までサポートしていただき、１年後、念願の脱サラを叶えることができました。

1日のルーティーン

現在フリーになって2年が経ちますが、まだ現状に満足しているわけではありません。私が教えている方々のお手本であり続けたいし、フリーランスは自分で自分を追い込む力がないとすぐに収入が下がってしまいます。

私の1日のルーティーンをご紹介しましょう。

朝起きたらラジオを収録し、家を出てカフェに行き夜までパソコンで仕事をします。その後、夜ご飯を誰かと食べて家に帰ったらまたラジオ収録をする、大体このような感じです。

フリーランスと言うと、「時間と場所を選ばず、好きな仕事をしている」とイメージされる方が多いですが、地味な努力の毎日です。

大変なこともありますが、なりたい姿を目指してひたむきに努力できている今は、会社員時代のロボットのように働く日々と比べたら、とても輝いていると感じています。

episode
3
稼ぎ続けるために欠かせない2つのこと

①「なぜ」を考える

月収100万円を稼ごうと思うのであれば、**「なぜ」を考えられる力を身につけましょう。**

ここまでの話を読んでいただいた方はわかると思いますが、私が上手くいかなかった原因は「なぜ」を考えず、稼ぐためには「なに」をしなきゃいけないのか、という思考になってしまっていたからなのです。

要するに「正解」を求めていたわけです。

「とりあえず100記事書く」と知り、なぜ100記事が必要なのかを考えずに書き進めてしまった結果、1円も稼ぐことができませんでした。

スポーツでも同じです。例えば、「野球で130キロの速球を投げたい」という目標を掲げたとします。うまくいかない選手は、早い球を投げるには「何を」すればいいかを考えます。筋トレ、走り込み、投球練習、ありとあらゆる練習を「とりあえずやろう」という考え方になるのです。

一方、できる選手はこう考えます。「なぜ、今の自分は速球が130キロに満たないのであろう?」と。そう考えることによって、今の自分の問題点や直すべき優先順位が明確になるのです。

そしてその問題点を、一番可能性の高い問題点からつぶしていく、そうしていくことで明らかに前者よりも成長スピードは速くなります。

「なぜ」を考える癖は重要で、練習してみたもののあまり成長しなかった、となった場合、さらにまた「なぜ?」を考え、試行錯誤できることにつながります。

一方、「なに」を考えている人は手段しか思考にないため、うまくいかないと努力しなくなります。ブログ100記事を書いて1円も稼げず、「なんのために書いたのか」と落ち込み、挫折をした私と同じ状態になるわけです。

だからこそ、**手段ではなく目的を考えられるように目標を細分化する力を身につけた方がいいでしょう。**

例えば、あなたが仮に「月収１００万円を稼ぎたい」と考えているのであれば、「なぜ」今あなたは稼げていないのか？　様々な視点から論理的に考えてみてください。

「何も行動してないから」で、終わらせないで下さいね。「なぜ」行動できていないのか、それ自体も細分化していきましょう。

仮に行動できない理由が「人脈がないから」という答えになったのであれば、それも細分化していきます。「なぜ」人脈がないのか、と。このように掘り下げていくと、行動すべきことが自ずと導き出されるのです。

まずは達成したい目標を紙に書き、「なぜ」自分はその目標を叶えられていないのか、冷静に分析してみましょう。

②続けない理由を正当化しない

スポーツでも勉強でもなんでもそうですが、成功者は皆**「地味で変わらないことをコツコツ継続する力」**があります。プロ野球選手はプロになっても走り込みをしています。私もいまだに毎日Twitterを更新し、毎日ラジオを更新し、毎日コンサルティングをしている生徒に指導をしています。

しかし、「毎日同じことを続ける」というのは意外と大変で、途中でやめてしまう方は多いです。例えば、本当は毎日走り込みをしないといけないのに、「今はコントロール練習が大事」と言ってやらなかったり、「これは本当にやりたいことではなかった」と錯覚してやめてしまったり、さらには時間がないだの家族に反対されただの様々な言い訳を探して、続けることをやめてしまいます。人間は自分に甘い生き物です。

「努力をしなくていい正当な理由」「続けることをやめる正当な言い訳」を、自然と探してしまうのです。しかし、この辛い時期を乗り越えた先には、成長や変化が訪れます。変わっていないのであれば、まだ努力が足りないのでしょう。続けていれば必ず、自分を変えることができるはずです。

これからの時代の生き方

アフターコロナの動きについては多くの方が発信しており、皆さん共通して**「今後は個人で稼ぐ時代が来る」**と、おっしゃっています。私も同感です。

会社に依存した稼ぎ方や、収入の柱が１つしかないという現実をリスクと考え、様々な方が動き出すと思われます。

現に、私のコンテンツの需要も高まる一方です。

それもあり、みなさまにお伝えしたいことがあります。

それは**「今すぐ動け」**ということです。

個人で稼げるスキルに繋がるのであれば、何をやってもいいと思います。私のようにブログでビジネスを自動化させるのもいいでしょう。物販やYouTubeで稼ぐ方法もあります。

大事なことは、**この本を読み終わった後すぐにあなたが「動き出せるかどうか」**です。

「さぁ、今すぐ行動して」と言っても、「今は仕事が忙しい」とか「お金がないから」とか「いまさらブログをやるとかもう遅い」とか、様々な言い訳をする人もいるでしょう。

やらない言い訳をするのは、普通の人。

成功できる人は、それをわかった上で行動する人です。

人生を変えるための行動を最優先できる人が、成功するのです。

今の仕事をし続けたところで、その仕事のスキルは上がるかもしれませんが、そのスキルは本当に将来必要ですか？

「個人で稼げるスキルはないから」と言う人もいますが、行動しながらでもスキルは身に付けられると思いませんか？

自分を変える行動を、最優先できる行動力を持ちましょう。

さいごに

あなたがもし、今の仕事や人間関係、経済状況などに満足しておらず、少しでも好転させたいと思うのであれば、人生を変えるための行動をしてください。どのような行動をとればいいかは前述していますが、**まずは自分のなりたい姿を考える**といいでしょう。その姿が私に近いのであれば、私の情報をリサーチしてください。他の方に惹かれたのであれば、その方の情報を徹底的に調べてみてください。

私が書いた文章をここまで読んだのであれば、何か少しでもあなたの人生に変化が生まれたと思います。変わるきっかけは与えました。あとは、あなた自身が行動に移すかどうかです。

この先、苦難は色々あるでしょう。継続することは難しいです。今は自信がないかもしれません。それでも、ここで一歩を踏み出せるかどうか、それによってあなたの未来が変わることでしょう。

Webサイト

p 318

月収500万円を24ヶ月連続達成。本物の自動化とは

ひとり起業家 file No.18

資産作りの達人

ふっさん

episode

1

漠然とした不安を解消するために

メルマガ読者数1万5000人を突破した私の理念

はじめまして。藤崎隆伸と言います。インターネット上では「ふっさん」と名乗っています。

現在は、ウェブマーケティング会社を経営しており、メイン事業としてメールマガジンを運営。ありがたいことに読者数は1万5000人を突破し、そのメルマガの中でオンライン講座を販売することで収益を出しています。

現時点で月収500万円を超えることが2年以上続いております。また、ウェブマーケティングのノウハウを活かして静岡県浜松市で黒糖タピオカ専門店も経営。

理念として掲げているのは **「一人でも多くの強い個人を増やすこと」** です。

現在、多くの人が将来の日本に対して漠然とした不安を抱えていますが、私はその不安を解消して強い個人を生み出すコンテンツを提供しています。

私自身、お金や将来の労働に対して不安があったため、このような理念を掲げ、そして解消することができました。

本章では、私がどのように不安を解消していったのか、ビジネス開始前の人生からお話しさせて頂きます。

お金に貪欲だった青春時代

私の実家は貧困で、カボチャ煮が一週間続いたりブタ麺を拾って食べたりする日々を送っていました。お金がなくなった途端に、家庭が崩壊する瞬間も目にしました。

「将来は安定した職に就き、安定した収入を得たい」と願い、なんとか国立の大学に合格。「銀行員になるんだ」と、意気揚々と入学しました。

しかし、大学に入っても学費と生活費を稼ぐために居酒屋のアルバイトに明け暮れる日々が続きます。

「お金がないだけで不自由」だと改めて気づかされ、さらには、ある程度ゆとりのある暮らしを持続させるためには４０年、またはそれ以上労働し続けなければいけない、という現実に直面しました。

年間１億円を稼ぐ大学生のブログが転機に

そこで、なんとか別の方法はないか必死で考えました。アルバイトを辞めて、それでも収入を得られる、そんな方法はないだろうか。

たしか当時、「バイト　辞める」で検索していたと思います。

検索結果に出てきたものは「年間１億円をアフィリエイトで稼ぐ大学生のブログ」。めちゃくちゃ怪しく見えて仕方がありませんでした。どう考えてもヤバイやつだと。しかし居酒屋のアルバイトに絶望していた私は、その世界を確かめずにはいられませんでした。

その日のうちにブログをすべて読み、たちまちアフィリエイトという世界にのめり込んでいったのです。

右も左もわからないまま始めたビジネス

「さぁ、アフィリエイトをして稼ぐぞ!」と意気込んだものの、右も左もわかりません。ワードプレス?　ドメイン?　言葉の意味さえもわからなかったし、何から始めたらいいのかもさっぱりわかりませんでした。

そこで、まずはたくさんの情報を集めようと思いました。1回1万2000円の講座を受けたり、Twitterで知り合った人から高額塾に誘われ32万円を支払ったり。

当時は「なにがなんでも成功させてやる!」という気持ちだったため、アルバイトで稼いだお金をすべて使うことに抵抗はありませんでした。

結果、濃い情報を集めることに成功します。

5万円の資産づくりに成功

そんな中出会ったものが、「DRM（ダイレクトレスポンスマーケティング）」。

簡単に言うと、**「メルマガ読者を集める↓価値提供をする↓商品を売る」という方法**です。

私はDRMを使って約4ヶ月かけ、月に5万円ほど生まれる小さな資産を作ることに成功しました。

月に5万円と聞くと「たったそれだけ？」と感じるかもしれませんが、苦学生だった私にとっては天の恵みにも等しいものでした。

そこから5万円という小さな資産を雪だるま式に増やしていき、大学4年生の就活時期にさしかかる頃には、月50万円ほどを生み出す資産に成長していたのでした。

就職活動を放棄

私はアルバイトを辞め、さらに就職活動を放棄。

このまま独立する道に進もうと決心し、資産を大きくしていくために全力投球しました。

ビジネスに集中するようになってから資産はみるみる成長し、大学を卒業する頃には最高で月１６５万円を稼ぐようになったのです。ネットビジネスの魅力に取り憑かれ、この世界を極めようと決意した時期でもありました。

年間１億円の収益を得られるように

大学を卒業してから3年が経った頃。雪だるま式に伸びていった資産は月１０００万円以上を生み出し、年間ベースであれば1億円の収益をもたらしてくれるようになっていました。

これを書くと驚かれるかもしれませんが、**「資産」とあるように、その収入のほとんどは自動で生まれるもの**です。

現在、私は東京に住み、ウェブマーケティングを駆使したあらゆるビジネスに挑戦しています。美容師にＳＮＳ集客を教えたり、芸能人のプロデュースやイベントプロモーションを手掛けたりしています。

また、これまでに培ったノウハウを活かして静岡県浜松市にタピオカ専門店をオープンしました。

インスタグラムを使って半年でフォロワー４０００人、総来客数２万人を突破。

もともと「お金を稼ぐため」に始めたネットビジネスが、これほど可能性に満ちているものだとは思いもしませんでした。

episode 2 月収100万円を超え続ける4つのコツ

①月収100万円を目指さない

月収１００万円を超え続けるコツは、**「月収１００万円」という言葉に執着しないこと**だと考えています。

月収１００万円を目指してビジネスをしてしまうと、どうしても最大瞬間風速（単月あたりの金額）に捉われてしまうからです。

「ネットビジネスを教える３０万円の個別コンサルティングを４件取るぞ！」と必死に行動をすれば、その月は１２０万円の収入を得ることができるかもしれません。

しかし、それで月収１００万円を突破したとしても「じゃあその次の月はどうなるの？」となってしまいます。

ですから、**「月収１００万円」ではなく、年収ベース、あるいは毎月生まれる「資産」に着目したほうがいいでしょう。**

私は結果的に、月収５００万円を超えることが2年以上続いていますが、これは仕組みをつくれたからこそ実現できたものです。

② 資産が自動的に増える仕組みづくり

私の周りには月収１００万円を当たり前のように超え続けている経営者ばかりなのですが、彼らに共通しているのは**「収入のほとんどが自動で生まれている」**ということです。

自分が働かなくても収入が生まれる仕組みを作ること、自分の手を離れても事業が勝手にまわって収益が生まれてくる状態を作れるからこそ、安定して月収１００万円を超え続けることができるのです。

反対に、月収１００万円を安定して稼げずに右往左往している人は、単純に実践した量が少ないか、あるいは自分が一生懸命足を動かして商品を売ったりサポートをしたりしてお金を稼ごうとしている人かのどちらかです。

自動化に成功した事例を一つ挙げると、私が経営しているタピオカ専門店があります。

この店舗は私がいなくても運営ができます。

なぜかと言うと、利益の数％を報酬として支払い、店舗経営者に管理を依頼しているからです。これをやると当然自分の収入は減ります。

店舗に投資したお金を回収する期間が長くなる可能性もあります。それでもお金を払って「自動化」することは将来的な収入アップに繋がるのです。

このようにして私は、「収益を生む↓自動化する」を繰り返し、当初は5万円だった小さな資産を積み重ね、年間1億円を生み出せるようになりました。

③明確な戦略づくり

私が年間1億円の収益を獲得できたのも、**戦略を練ることに多くの時間を割いたから**だと確信しています。

戦略とは「略」という字が含まれている通り、何をやって何をやらないかを明確化することが大切です。今は情報が氾濫していて「儲かる方法」と謳うコンテンツは腐るほどあります。その中から何を選択するかが重要なのです。

たとえば、私は「資産を作ること」に全力で集中してきました。

資産というものは2種類あって、**1つ目は知識、経験、思考などの「無形資産」**。

そして**2つ目が「コンテンツ」**です。

まず1つ目の無形資産ですが、私はスキルというものはお金を稼ぐために絶対に必要なものだと考えています。仮に、Amazon CEOのジェフベゾスが収入ゼロになったとしても、おそらく数週間もあれば再びお金持ちの世界に返り咲くことができるでしょう。

なぜなら、頭の中に入っている知識や経験は、いつでもお金に変換することができるからです。

私はこれまで本を読んだり教材を買って学んだりすることに時間や資産を費やしてきました。知識や経験を積み上げることに力をそそぎ、「儲かるよ」と言われる話はすべて無視してきました。なぜ儲け話を無視してきたのかは、後ほどお話しいたします。

2つ目の「コンテンツ」とは、ブログ記事やメルマガのコラム、商品動画などのことを指します。

なぜコンテンツが「資産」と言えるのかというと、それは、**一度アップロードすればずっと価値提供を続けてくれるから**です。

たとえば、私はYouTubeに累計１００個以上の動画をアップロードしています。それらの動画は私が休みのときでもYouTube上で喋り続け、多くの人に価値を提供してくれています。

その結果、見込み客リストが自然と獲得できて、自動的に商品が売れていくのです。

YouTubeだけではなく、ブログやメールマガジンといった文章コンテンツもたくさん残しています。

ちなみにこれはノウハウの話になりますが、メールマガジンには段階的にメールを流せる「ステップメール機能」というものがあります。

たとえば１日目はメールA、２日目はメールB、３日目はメールCというように、あらかじめ決めておいた配信をすることができるのです。

私はステップメールの仕組みを熟知し、およそ半年間ほどメールが自動で流れるようにしました。そのステップメールの中で教材が売れる仕掛けを作ったため、働かずとも１日に２０～３０万円ほど商品が自動で売れていく資産になったのです。

ちなみに他にも同じような資産をネット上にいくつか設置しています。こういった戦略を、ネットビジネス上で展開しているのです。

④自分の信念を曲げない

稼ぎ続けるために私が大事にしてきたことは、**無形資産を蓄えることやコンテンツを作ること以外のビジネスを、すべて無視してきたこと**です。

「稼ぐことのみ」に焦点をあてた話しには耳を貸さない、という信念を持っていました。

これはぜひとも知っておいてほしいのですが、ビジネスを始めると様々な甘い誘惑が訪れます。

なんとなく稼げそうな話がたくさん入ってくるのです。悪い大人はいっぱいいます。私自身、そういった誘惑を軽く１００回以上は受けました。

少し厳しいことを言いますが、**経済的に豊かになるための基盤は自分でしか作れません。**

他人に頼ったり環境に依存したりしようとした瞬間に、経済的な自由は離れていくでしょう。私自身、何十人もの人にビジネスを教えてきましたが「自分の力で稼ぎたい」「独立して成功したい」と考える人は、かなりの確率で成功しています。

episode 3 これからを生き抜くために…

チャンスだと前向きに捉えよう

この原稿を書いている時点では、コロナの混乱は続いているため、コロナ禍を生き抜くために必要なスキルを書いていきます。

コロナはむしろチャンスと捉える。

私はタピオカ専門店を２０１９年１１月にオープンしたため、コロナ＋冬＋タピオカブーム終了のコンボをくらい、売上げが激減しました。オープン当初は１日１０～２０万円あった売上げが、１日1～2万円ほどになったのです。

しかし、まったく悲観はしませんでした。むしろチャンスだと考えました。「こんなときライバル店は広告を出さないだろう」という目論見から、広告を打ち続けたのです。

結果、1日わずか1000円ほどしか広告料を使っていないにも関わらず、広告をほぼ独占。ネット上に広告が繰り返し表示されるようになり、認知度がグングン上がっていきました。

現時点ではまだコロナの影響を受けていますが、黒字をキープしています。

オンラインでの価値提供をどう考えるか

自粛ムードが続いて自宅で過ごす人が増え、「オンラインコンテンツ」の需要が急激に高まりました。この時期に芸能人が次々とYoutuberに転身したのは、それほどオンラインでの需要が増していったからなのです。

ちなみに冒頭でも話した通り、私は「日本人の将来に対する漠然とした不安を解消すること」を理念として情報発信しているのですが、「コロナによる将来に対する不安」と「暇な在宅時間を有意義なものに変えたい」というニーズがマッチし、2020年7月は過去最高売上3000万円を突破しました。

決して自慢をしたいわけではなく、コロナ禍によってオンライン上でのチャンスが増えたということをお伝えしたいのです。人が街中に出なくなったとしても、決して人がいなくなったわけではありません。インターネット空間に移動しただけなのです。

私はコロナ前からインターネット上が主戦場だったため、市場が拡大したことが追い風となりました。

すでにビジネスをしている方は、**オンライン上でどのようにお客様に価値提供をしていくか**が、これからの肝になってくるでしょう。

情報発信のススメ

では「実際に何をすればいいのか？」というと、私は**情報発信を心からおすすめ**します。

情報発信というと、目立つことや有名になることだと思うかもしれませんが、そうではありません。私は一切顔出しをしていませんし、人を笑わせるネタコンテンツを作ったこともありません。街を歩く人１０００人に「ふっさんって知ってる？」と聞いたとしても、おそらく１人も知らないでしょう（笑）。

たとえば、情報発信で成功しているDiverという弁当屋さんの事例を紹介します。亀戸にあるDiverは、Twitter・Instagram・YouTubeを使って弁当の作り方や弁当に対するこだわりを発信しました。結果、コロナ禍の真っ最中に月商800万円を記録。

私が経営するタピオカ専門店は、タピオカブームのど真ん中で連日のように大行列ができたときで月商600万円が限界だったため、800万円という数値がどれだけ驚異的なことか実感できます。

発信し続けることでおのずと人が集まる

ツールを販売しているならそのツールに関することを発信しましょう。コンサルティングをしているのなら、ご自身のビジネスに対する考え方を発信してもよいでしょう。SNSの代理店事業をしているのなら、SNSの実験結果などをガンガン発信していけばいいのです。

いわば**「私は○○の専門家ですよ」ということを発信していけば、おのずと興味を持ってくれる人が集まり、仕事のチャンスは増え続けていく**でしょう。

情報発信を始める人はどんどん増えていますが、まだみんなガムシャラにあれこれ発信しているだけで、明確な方法を持ってコンテンツを作っている人は1％未満の印象です。

私はそれを感じたため「どんなコンテンツを作れば人の感情は動くのか？」「どんな文章を書けば読まれるのか？」「どんな動画を作ればファンが増えるのか？」といったことを、学問を習得するに等しいほど研究してきました。

その結果、明確なやり方を得ることができ、ファンが増え続ける独自のメディアを作ることができました。

人生の有限性

最後に、これをお読みいただいた方に伝えたいことがあります。私が心の底から思うことは**「人生の有限性」**についてです。**月並みな言葉ですが、人生は一度きり**。私はその一度きりの人生をダラダラ過ごしたり、労働にまみれて好きなことができなかったり、お金にストレスを感じながら暮らすことがどうしても許せませんでした。そこで、人生で最も若い今から一度きりの人生を最高に充実したものにしよう、と思い起業しました。

たとえゼロからのスタートでも1年で経済的に自由になることは可能です。たった1年で経済的に自立した人を、私は何人もこの目で見てきたし、育ててきました。

もしかしたら、この本を読んでいる時点のあなたは、自分が成功できる確信を持っていないかもしれませんし「なんか怪しいな、こいつら」と思っているかもしれません。しかし、それはまだビジネスの世界がぼんやりとしているだけだからです。

私が好きな言葉に**「信じるな、疑うな、確かめろ」**というものがあります。簡単に信じてもいけないし、何でも疑ってはいけない。**大事なことは、納得できるまで確かめてみること**です。

この本に載っている月収１００万円を超える人達の物語を、ひとまず全員確かめてみてください。しっくりきた人から徹底的に学んでみるのもいいでしょう。月収１００万円を超えるにはそれなりに努力が必要ですが、超えた先には最高に楽しい毎日が待っています。

今回の話が、誰かの自由を手に入れるきっかけになれば幸いです。

メルマガ

個人で数カ国から億を稼ぐ令和の働き方

ひとり起業家 file No.19

グローバル起業家

前川雅治

episode

1

あらゆる事業を展開する理由とは

今のビジネスモデル

初めまして！　まえがわまさはるです。私の仕事は、ざっくり言うと「事業家」です。いろんな事業をしています。２６歳の起業当初は「治療家兼治療院経営者」。その後「治療家専門コンサルタント」、そして今の仕事のメインは海外事業です。

いずれの事業からも、奥さんと子どもを養うことができ、また私の年齢の平均年収より高い収入（って、どれくらいなのかよくわかりませんが）を得られています。

どれか一つの事業に絞るのではなく、そして日本だけでの活動にとどまることなく、どんどん手を広げ、どんどん成長させているところです。

「なぜ、そんなにいくつもの事業をするのか？」

「充分な収入があるのに、さらに事業を大きくしようと思うのはなぜ？」

こんな質問をよくいただきますが、そう聞く方には私からこう問いたいです。

「あなたは今の収入、今の事業規模、今の活動範囲で本当に大丈夫だと思っているんですか？」と。

将来に不安を持ったきっかけ

私は治療家になるため専門学校で学んでいるときに、父を病気で亡くしました。

その日の父は朝から具合が悪そうだったのですが、お酒を飲みすぎて酩酊したまま朝を迎えることも珍しくなかったため「なんや、また二日酔いか」と言い捨てて家を出ました。

その数時間後、妹から電話が。

「お父さんが倒れた。一度心肺停止になったけど、また心臓が動き始めた」と。このときの妹の低い声は、今でも耳に残っています。

病院に着き、医師から受けた説明で、大変な治療になることはすぐに理解できました。

もし、今の私だったら「治療してください」と言えるでしょう。

しかし、当時の私には気持ちの余裕も、高額な治療を依頼する経済的余裕もありませんでした。

結局父は治療に入る前に亡くなってしまったのですが、父にもう少し時間があったとしても、当時の私は「治療はしなくていいです」と、医師に伝えていたことでしょう。

「お金もない。余裕もない。だから父を助けることができなかった」という思いは、今でも私の胸の中に残っています。

この経験を通して、私のお金に対する価値観、そして将来に対する考えが大きく変わりました。

治療家になって就職し、結婚し、長女が生まれた直後に独立してからも、ずっと「不安のない将来を過ごすために何がどれだけ必要か」ということばかり考えていたように思います。

集客を学ぶために入った経営塾では、「老後が心配だからとにかく行動するしかない」と言って「そんなに若いのに何言ってんの」と笑われたりもしましたが、私は本気で不安だったのです。

将来への不安感がより強大に

治療院経営をスタートするも当初は半年で数万円程度の売上げしか上げられず、将来どころか明日の生活にも困るような状況でした。

しかし、集客術を学んで次々と実践していく中で、一人治療院ながら月商300万円を突破。回数券販売で一時的に売上げを爆上げさせるようなやり方でもなく、毎月着実に高い月商を保てる仕組みを構築したため、年収は3000万円近くに跳ね上がったのです。


しかし私は安心できませんでした。

この頃に次女が生まれたこともあり、「子どもたちを守っていくためには年収3000万円なんかではとても足りない。もっともっと稼がなくては！」と。

そこで、治療院経営を成功させたノウハウを活用して、治療家専門のコンサルティングサービスを始めます。

コンサルティングサービスが軌道に乗り、治療の現場から離れ始めた頃に三人目の子どもが誕生します。その子が、初めての男の子でした。

現代は男性並みに働く女性は少なくありませんし、「男だから」「女だから」という概念は古臭い、ということはよくわかっていますが、自分と同じ男の子どもを持つことになり、お金の面だけではなく「将来どうなるか」について、ますます考えるようになりました。

この子が二十歳になっているとき、日本は一体どうなっているだろうか？

あなたもぜひ考えてみてください。

日本への危機感

２０２１年現在の日本は、超高齢化が進み人口はどんどん減っています。働き手も減り、経済規模は縮小。私たちの親の代がバリバリと働いていた頃から、サラリーマンの平均年収はあまり変わっていません。それにも関わらず、物価はどんどん上がっています。

つまり実質的には暮らしの水準は下がっていて、歯止めがかからない状況なのです。果たして将来、日本はどうなってしまうのでしょうか？

一方、日本を出てアジアに目を向けると、全く逆のことが起きています。

人口はどんどん増え、若い働き手も増えており、物価は安く、活気があふれて経済も潤っています。

「日本は金持ちで、アジアの国は日本に憧れて出稼ぎに来る」なんていうのは一昔前の話で、今や立場は逆転しつつあります。今後、日本人がアジアに出稼ぎに行く、ということが当たり前になるかもしれません。

このような状況になったとき、保守的な日本の教育だけに頼って育つ子どもたちは、大人になってどんな仕事をし、どんな価値観を持つのでしょうか?

実力で勝ち上がっていかないと、アジア人に安い賃金で雇われる立場になってしまうかもしれません。

または、一念発起してアジアへの進出を試みても、英語が喋れない(本当に喋れないかどうかは別として、喋れるという自信が持てない)という弱気な姿勢から、ビジネスでの戦いに負けてしまうかもしれません。

そもそも、「海外の人と仕事をするなんてとんでもない」というマインドブロックを取り払うことができず、縮小した日本経済の中で、得られる範囲の仕事を細々とやっていくしかないかもしれません。

私は、自分の息子には、そのどれにもなってほしくないのです。

自信を持って生きてもらいたいし、収入だって充分得てもらいたい。「このビジネスで勝負したい！」と思ったときに即行動できるような人間になってもらいたいと、強く思っています。

そう考えたら、とても「治療院経営で年収３０００万円、治療家専門コンサルティングサービスでさらに数１０００万円」という金額だけでは、この子たちの将来を良いものにしてあげることはできない、と気づきました。

父の背中を見よ

そこで始めたビジネスが海外事業です。

先に言っておきますが、私はろくに英語なんて喋れません。しかし、「英語が喋れるようになってから」なんて言っていたら、英会話学校に通っている間に子どもが大きくなってしまいます。

時間は待ってくれません。

準備ができていようができていなかろうが、**「とにかく飛び出す！やる！やり続ける！」行動するしかない**のです。

子どもが大きくなってから、自分がやってもいないことを「お前な、これからの時代は海外やで」なんて言うより、ずっと説得力がありますし、子どもも感じ取ってくれることでしょう。

「父親が海外に何度も行って仕事をしている」そんな姿を見せることが、私が子どもの将来のためにするべきことの一つなのです。

海外旅行すらほとんど未経験の私でしたが、毎週毎週、マレーシアやフィリピン、ベトナム、そして中国などアジア各国に行き、通訳を通して企業の経営者やオーナーと交渉し、商談を成立させ事業を広げていきました。

２０２０年初旬から見舞われたコロナ禍により、海外に足を運ぶことは難しくなってしまいましたが、その前にビジネス構築は済んでいたため、その事業だけで安定的に月収１００万円以上を得ることができています。

子どものためにと思い急いで行動しましたが、結果的にコロナ流行前に動いておいたことは正解でした。

episode

2

私が稼ぎ続けられている3つの理由

リスクを恐れないこと

「英語もろくに喋れない一治療家が、海外事業にまで手を出すなんてリスキーすぎる」頻繁に海外へ行く私を見て、周りの人はそんな風に感じていたかもしれません。「よくもまぁそんなに後先考えずに行動できるね」なんて言われたこともあります。それでは、私から質問をします。

「何もしないリスクと行動するリスク、どちらが大きいと思いますか?」

p 348

当然、新しいことにはリスクが付き物です。私の最初の事業、治療家経営の滑り出しは最悪でした。周りからは「大失敗だね」と言われるような悲惨な状況。

しかし、私は「やっぱり従業員のままでいればよかった」なんて一度も思いませんでした。

それはなぜだと思いますか？　従業員のままでいた場合、将来的に得られる収入や生活環境を考えたら、それこそリスクが高すぎるからです。

縮小する一方の日本経済の中で、自分の収入すら自分で決められず、子どもを三人抱えて生きて行く…。

もちろん、全ては想像でしかありませんから、正解はありません。従業員のままでいたとしても、案外幸せかもしれませんし、子どもだって大きく羽ばたいてくれる可能性もあります。

しかし、もっと収入を増やせて奥さんも安心させられて、子どもに「将来はこうなれよ」と背中で教えたり、子どもにたくさんのチャレンジをさせたりできる可能性が高いのは、やはり独立して事業家になる方なのではないでしょうか？

行動にリスクはありますが、どんなに一生懸命想像力を働かせても、「現状維持」でいる方がリスキーだと、私は思っています。

それは起業時に限らず、治療家専門のコンサルティングサービスを始めたときもそうでした。「治療院経営だけうまくいったって、将来は絶対に安泰じゃない」と。

海外事業を始めるときも同じで、「いくら高い収入を得られているとは言っても、日本の中にいるだけでは自分の将来も危ないし、子どもの将来はもっと危ない」と、考えて行動し始めたわけです。

現状維持は衰退

今、収入を得て、海外事業を展開して、さぁそれで満足か？　と問われたら、答えはノーです。**現状維持はマイナスでしかありません。成長し続けることでしか安心・安泰は得られないのです。**

だから私は、もっと事業を大きくすることやいろんなチャレンジをすることをやめませんし、今後も踏みとどまることはないでしょう。

「マイナスになっていくことが不安だからやる」と書いてきましたが、もちろん明るいマインドも持ち合わせています。

事業家になったからには、「デカいマーケットで戦ってみたい」という思いが、少なからずあります。男の闘争本能みたいな、純粋な憧れですね。

そのため、海外に出て行くときのワクワク感はすごかった！「ワクワク」って、チャレンジへのご褒美だと思うんです。ワクワクしたいから頑張る、行動する。それも素晴らしい動機だと思います。

真似からオリジナルへ

そしてまた、「誰もやっていないことをやりたい」という思いもあります。治療院経営やコンサルティングサービスをやっている人は日本中に大勢います。

私も、その成功者たちの真似をして成長しました。

でもこれからは、人の真似ではなく「そんなこと、誰もやってないよね？」と言われるようなことをしていきたいと考えています。

真似ではない行動を起こし、それを継続することは自分への大きな自信になるでしょう。

嫌でも経験値が増えるため、例えばどこかで失敗したり何か抗えない程大きな出来事があってすべてを失うことがあったりしても「またやればいいから大丈夫」と思えるでしょう。

経験を積んで、「何があっても大丈夫」と思える気持ちを養うこともリスク回避の一つです。


「月収１００万円」なんて正直、とても簡単です。死ぬほど働かないと得られないような金額ではありません。しかし、そこまで到達するためにはモチベーションが必要です。

私の場合、それが「リスクを避けたい」「子どもに背中を見せたい」「大きなことに挑戦したい」「誰もやっていないことをやりたい」でした。

現状を考え、将来を考え、自分が心から納得できる「行動する理由」を見つけられれば、月収１００万円はすぐに超えられるはずです。

episode 3

これからの時代を生き抜くために必要な「考え方」

人の成長を助けられるかどうか

「スキル」というと資格や技術を想像するかもしれませんが、私は何も持っていません。

現代はまさに「何でもアリ」な状況です。中学生でもＳＮＳで高い収入を得ている人もいるし、大学の博士号を持っておきながら定職に就けずその日暮らしをしている人もいます。

学歴やスキルなどに関わらず、成功したい人が成功できる世の中です。

そんな中、稼げる人には共通点があると思っています。それは、**「影響力があり、多かれ少なかれ関わる人の成長を助けている」**ということです。

私は起業当初の２６歳から３０歳まで、目の前のお客さんが自分にお金を払ってくれさえすればいいと思っていました。

相手がどう思っているか、そのお金はもしかして借金して得たお金なんじゃないか、なんてことは意にも介さず、払ってもらえればＯＫの精神でした。

しかし、３０歳のときにある人と出会い、「目の前の人のためになることをすれば稼げる」と言われたときに、今までの考えが覆された衝撃を受けながらも、パッと目の前が開けたような気がしたのです。

「父親としても事業家としてもカッコよく成長し続けるためには、自分の行動や稼ぎが人のためにならなければいけないのではないか」そう気づいてから、働き方が変わり、行動量が増えました。

一言に「事業家」と言ってもいろいろな働き方があります。一人経営という方法もあれば、従業員をたくさん抱える選択肢もありますし、その時々でプロジェクトメンバーを組んでチーム戦にするというやり方もあります。が、どんな方法をとっても人と関わることは避けられません。一人で経営しても、外注先や取引先という人間関係は少なからず生まれます。

自分だけ成功すればいいのであれば、今の時代は便利なツールがたくさんあるし、全然難しいことではありません。

しかし、**「いかに自分が関わる人にも成功してもらえるか、その成功をサポートできるか」お互いに仕事や生活を楽しみ、成長を実感して喜び合うことが仕事の醍醐味**ではないでしょうか。

「まえがわさんと仕事をして良かった」「まえがわさんにこうしてもらってありがたい」と、直接言われることはなくても、どこかで何か良い影響を与えることができているのであれば、それこそが私が仕事をする真の意義なのではないかと思うのです。

自分の考えをオープンにする

ところで、カッコいい父親であり事業家でありたいと書きましたが、そんな願望を隠さずに出しちゃうのは別にカッコよくないですよね。そんなことはわかっています。

しかし、人に流されたり本心を隠したりしても、何も良いことはありません。自分がモヤモヤするだけです。

「モヤモヤしたまま成功者になりました」なんて話は聞いたことありません。成功する人って正直で、自分を隠さないで、「こうありたい！こうなりたい！」を素直に出せる人なんじゃないかと思います。

私の場合は「人の成功をサポートできる人になる」を目標に、仕事人として、事業家として動いています。

まずは、目標を見つけて口に出してみてください。

「自分はこうなりたい！こういう事業家でありたい！」と、変にカッコつけずにさらし出してみてください。

自分の考えをオープンにして周りに知ってもらい、言ったからには「それを実現してやる！」と、突き進むこと。

それが、今の時代を生き抜いていくためのスキルであり、これからの時代の中で成功し、成長し続けるために必要なことではないでしょうか。

さいごに

「楽して稼ぐ」なんて言葉がネットに落ちているのをよく見ます。そこでどういう意味で使われているのかは別として、私はこの言葉が好きです。「楽して」というのは、「労力を使わないで簡単に」という意味ではなく「楽しく」という意味だと、私は解釈しています。

事業って本当に面白いです。**事業の醍醐味は自分が成長できること**です。現状維持にリスクを感じて挑戦し続け、行動をし続ける限り、私はどこまでも成長していくことができます。自分の成長が楽しくない人なんていませんよね。仕事をするとき、チャレンジするときには、ぜひ「成長できるか？」を自分に問いかけてみましょう。

「これをやって自分はどんなふうに成長できるのか？　それが果たして自分の目指す形なのか？」と。

その答えがイエスなら、どんどんチャレンジしてください。すると、「楽して」稼げるようになります。人生めっちゃ楽しくなりますよ。

一度しかない人生、成長して、楽して生きましょう！

売上げのことを考えずに
130万円突破したホームエステサロン

ひとり起業家 file No.20

集客の女王

水野愛

episode

1

サロンに対する想いと水野愛という人物像

はじめに

愛知県豊田市でホームエステサロン「nico.rose」を経営している水野愛と申します。

2020年8月、コロナ禍でのオープンにも関わらず、初月から130万円を売上げました。

しかも、集客媒体サイトを一切使用せず、広告費ゼロ。

どうしてホームサロンでは異例の売上げを達成できたのか、本章でお話ししていきます。

サロンオープンまでの経歴

中学時代から建築物に興味があったため、工業高校、そして工業大学へ入学し、卒業後は大手ハウスメーカーに勤めますが、体を壊し退社。

その後、転職を繰り返します。転職の途中で「保育の仕事がしたい」と思い、貯金を全て使い短大へ入学。卒業後は保育士として働くも、怪我をしてしまったことにより退社。

他にもあらゆる業種の仕事をしましたが、一番長く勤めた会社でも1年半ほどでした。

転職活動に疲れ、「組織で働くのは自分には向いていないのかもしれない。自分でお金を稼げるようになれば、もうこんな思いをする必要はない」と考え起業に踏み切ることにしたのです。

たまたま通っていたエステサロンでエステスクールをしており、「自宅でサロンならテナント料もかからないしすきま時間に家事もできる！」と考え、エステ業界での起業を決意しました。

業界未経験、エステに関する知識ゼロ、経営に関する知識もゼロ。それでも試行錯誤しながら、わずか４ヶ月でサロンをオープンしたのです。

オープン当初は１００万円を目標にしていたわけではありません。正直、お客様が来てくれるか不安で「初月は5万円いけばいいかな」と、思っていたくらいです。

「売上げよりも来てくれるだけでありがたい。まずは、たくさんの人に喜んでもらおう」と考え、自分にできることを妥協することなく精一杯果たせるよう努めました。

その結果、お客様から知人をご紹介頂けたり、ＳＮＳで投稿して頂けたりして、あっという間にお客様が増え、気づいたときには当初の目標額を大幅に上回る１３０万円を売上げていたのです。

私を好きな人が会いに来てくれるビジネス

私のことを好きな人が会いに来てくれ、それがビジネスとなる。大袈裟かもしれませんが、エステサロンはそういった仕事です。

いくら施術が良くても、いくらお値打ちであろうと、私のことが嫌であればお客様にご来店頂けることはないですし、もし来て頂いたとしても決してリピートはないでしょう。

「好き」とまではいかなくても、何かしら「良い」と思って頂いていることは確かです。

自分に良い印象を持ってくれる方が自分に会いに来てくれる。
そして、その来られたお客様は来たときよりも美しく、心も満たされて帰って行く。ホームエステサロンは幸せな仕事だと確信しています。

実践あるのみ

現代では、本を読んだり動画を見たりすることで自分の欲しい情報をいくらでも得られます。しかし、ただ知識を持っているだけでは何の意味もありません。宝の持ち腐れです。
状況によっては綿密な計画を立て、十分な知識を要することももちろんありますが、実際にはやってみないと分からないことがほとんどです。

私は、**実践する中で学ぶことが重要であると考え、受動的に学ぶことよりも行動を起こして考える**ということを大切にしています。

少し格好よく聞こえるかもしれませんが、実際には、考えるよりも行動したくて仕方がない、という我慢ができない人間なだけかもしれません。

「とにかくやってみたい」という想いが自分を動かし、失敗すればそこから反省してどうすべきか考え、また実践をして…、ということを日々繰り返しています。

自分のやりたいことに執着

自分が強く望むこと、願うことは、行動にうつさなければ何も起こりません。嫌だと思う現状からの脱却や今よりもより良い未来への投資、それらは全て行動してこそなし得るものです。

とにかく自分のやりたいことに対して執着することが大切だと言えるでしょう。

私は、なりたい自分への執着心が私を動かしていると思っています。

「この仕事がしたい」「この人に来てもらいたい」「これが欲しい」「ここへ行きたい」など自分の欲望に執着することで、その欲を満たすためにはどうしたらいいのか考え、行動を起こす源となっているのです。

他人と違うことを誇る

他人と同じことをしていても他人より稼ぐことはできません。私は昔から周囲の人と違うことをしたがったり、違うものを欲しがったりする人間でした。中学時代は女子一人でサッカー部に入部したり、ほとんど女子のいない工業高校へ入学したり、卒業式では一人だけ派手な色の袴を着て浮いていたり…。

しかし、他人と違うことをわざとしているのではなく、自分のやりたいことや欲しいものを素直に求めているだけなのです。この私の考え方は、幼少期から他人と違うことを否定せず、ときには褒めてくれていた親の教育も影響しているでしょう。

他人と違うことを「違う」と意識するか、「特別だ」と思うことができるか、自分の受け止め方次第で考え方は大きく変わっていきます。

他人と違うことができる人は、優れたアイディアを思いつき、他人の想像を遥かに超える行動ができるでしょう。**他人と違うことを誇れることが、他人よりも稼ぐことができる人間になれる**のだと思います。

人脈を大切に

人間は、一人では何もできません。私は昔から、自分のことを知らない人と話すことが好きで、ネットで見つけた面白そうなサークル活動に参加してみたり、ヒッチハイクで一人旅をしてみたり、様々な活動をしてきました。その分、たくさんの人と出会ったのです。いい人と出会えば「この人みたいになりたい」と思い、逆に嫌だと思う人と出会えば「こうはなりたくない」と思いました。

人は人との関わりの中で成長していく生き物であり、出会った人の数だけ成長できると考えています。転職を繰り返していた当時はつらいことも多かったのですが、結果として、人脈が広がることにつながりました。

サロンを始めたときには、ありがたいことに、昔勤めていた職場の同僚やたくさんの友人が市外問わず駆けつけてくれ、さらにご紹介もたくさん頂けたのです。

今でも時間があるときには、人脈を広げられるよう、様々な活動に参加しています。営業活動としてではありません。自分のことを知らない人と互いに先入観もなく話ができることは、仕事の息抜きにもなりますし、お客様と話すときの会話のネタにもなりますからね。

episode 2

オープン初月から130万円突破した理由

たった6畳の和室がカギに

「サロン」と聞くと、床はツルツルで天井にはシャンデリア、キラキラしていて可愛くて豪華…、皆さんそのようなサロンを思い浮かべるのではないのでしょうか。

私も当初はそのようなサロンを作りたいとイメージしていました。しかし、完成したのはたった6畳の和室。畳の上にカーペットを敷いただけで、障子も押入れもそのまま。しかし、このサロンだからこそ今の成果があると考えています。

サロンに対するイメージとして「価格が高そう」「敷居が高い」というものがありませんか？

和室を活かして素朴でアットホームなサロンにしたことでそのようなイメージが払拭され、友人の家に遊びにきたような、くつろげる空間になったのです。

実際にお客様には「サロンに行く」という感覚ではなく、「友人の家にちょっと行ってくる」という感覚でご来店頂いており、待ち時間に漫画や雑誌を読んだり、自分の好きなお菓子を持参したりし、のんびりと充実した時間を過ごされる方が多くいらっしゃいます。

アットホームなサロンだからこそ、お客様も身構えず過ごすことができているのでしょう。

また、エステサロンは女性のイメージが強いかと思いますが、私のサロンでは半数近くが男性のお客様です。近年、エステサロンはもはや女性だけのものではなくなってきました。

しかし、「男性歓迎!」と謳っているものの、サロンを覗いてみると、可愛いクッションやお人形、ラブリーな小物など…女性向けのサロンがほとんどです。

男性にとって、そのような空間は居心地がいいとは言えないでしょう。女性のお客様であっても、雰囲気が合わない（苦手）と感じる方もいます。

その点、私のサロンは男性のお客様も通いやすいと好評いただいています。

豪華で可愛いサロンも素敵ですが、その空間作りによってお客様を限定してしまう場合があるのです。

お客様と近い関係を築く

私はお客様との関わりをとても大切にしており、お客様にとって親しみやすい人物であるよう心がけています。そのため、ゆっくりお話ができるように一人一人の施術時間を長めに設定しています。

また、コロナ禍でのオープンでしたが、振り返って考えるとコロナ禍だからこその成果だったと思います。なぜなら、お客様から「施術が目的ではなく、話したくて来ている」と言って頂けることが多いからです。

コロナ禍で外出自粛を求められているため、人と会って会話をすることが有意義な時間だと感じてくださっているのでしょう。だからこそ、私もお客様との時間を大切に考えています。

お客様との距離が縮まると、お客様のプライベートなことやお仕事のことも深く知れるようになり、これが仕事にも繋がってくるのです。

お客様の休みの日や残業が多い時期などを知ることで、定期的に来て頂いているお客様のリズムが崩れることがないように予約を頂く前から予約が入るかもしれないことを想定して配慮することができています。

お客様満足度を上げる

お客様満足度を上げるポイントは３つあります。順にご説明します。

①売上げのことを考えない

サロンをオープンすると売上げのことが気になりますよね。今読んでくださっているあなたも、売上げを増やしたいから読んでいるのではないかと思います。

しかし、売上げを増やしたいなら売上げのことを考えてはいけません。

売上げにばかり気をとられてしまうと、お客様にとってマイナスな行動をしてしまうからです。無理な勧誘をしたり、必要以上に高い価格設定にしてしまったり、回転率をよくしようと早く帰らせてしまったり…。

そんな行動ではお客様は離れてしまいます。

私は、**売上げではなくお客様に満足していただくことを第一に考え、行動する**ようにしています。

お客様の満足度が高いと、「また来たい」と思って頂くことができます。他のメニューもやってみようと前向きに考えてくださったり、友人や家族をご紹介くださったりします。

このように、満足度が上がるだけで、自然と客単価もお客様も増えていくのです。

②他サロンを徹底視察

お客様がサロンにつける評価というのは、基本的には減点方式（マイナス評価）です。

日本人は１００点満点を基準とし、悪いところがあると減点をしていくという考え方の人がほとんど。サロンが１００点であることは、お客様にとっては当たり前なのです。

例えば、お客様が室内を「暑い（寒い）」と感じるのであれば、それは減点となっています。

お客様が来られる前から、寒がりなお客様には暖房を高めに設定し、温度や風速など細かいところまで気を配る必要があります。いかにマイナスをなくすことができるか、ということが重要なポイントとなってくるのです。

マイナスをなくすためにはマイナスとなる要因を知ることが必要です。そこで私は他サロンを見て学ぶことをしました。

挨拶の仕方や清掃が行き届いているか、言葉使いは丁寧か、とにかく厳しく他サロンの評価をし、そして自分が感じたマイナスポイントは徹底的に自身のサロンからなくすことを心がけたのです。

さらに、**他サロンでは行っていないことを見つけて、差別化を図る**こともしました。

お客様はサロンを比較します。ホームサロンと大手サロンでの比較はもちろんのこと、他職種のホームサロンと比べられることもあります。だからこそ他サロンを徹底視察し、自身のサロンと比較することが必要不可欠となるのです。

③営業の線引き

お客様満足度を上げたいのであれば、来店時からお客様自らの意思で「サロンに行きたい」と思わせなければなりません。

サロンをオープンすると、「お客様が来なかったら不安」「たくさんの人に来てもらいたい」という思いから、友人など身近な人を直接勧誘する方が多いかと思います。

この行為、一見当たり前なのですが、お客様の満足度を下げてしまうことやリピーターになってもらう可能性を減らしてしまう可能性があるのです。

サロン側に頼まれてのご来店では、マイナス感情を生んでしまうことがあるんです。

前述したサロンへの評価（減点方式）がより一層厳しくなります。

一方、「来たい」と思い自ら足を運んでくださるお客様は、自分で選んだサロンが良かったと思いたい気持ちがあるため期待をしてご来店頂けます。

私は友人へのオープン報告の際、決して営業はせず、お知らせのみを行いました。

正直その時は、「相手に嫌な思いをさせたくない。自分のことを嫌な人間に思われたくない」という保身から営業をしなかっただけなのですが、結果、親しい人は「どんなお店を出すのかな」と自ら調べてくれ、来店へと繋がりました。

「営業したくない」というただそれだけの弱気な気持ちからの行動でしたが、友人からは「営業がなかったから安心して行けたよ」と、嬉しい報告を頂けました。

魅せる力

今や、インスタグラムやツイッターでの検索が当たり前の時代です。

私自身、ウェブで検索する前にＳＮＳでサロン検索をすることが多かったため、「集客媒体サイトは必要ないのでは」と、考えました。

結果、集客媒体サイトにお金を費やすことなく集客することを実現したのです。

私のサロンではご新規様のご予約はインスタグラムがほとんどです。それほどまでに現代ではＳＮＳでの宣伝が有効なのです。

ＳＮＳで人を呼ぶためには、宣伝となる画像を作ったり、分かりやすくメニューを載せたりしてページを作り込むことが効果的です。

「魅せ方を工夫する」たったそれだけのことで、多くの人の目に留まり、集客へと繋がります。

また、私は自分でホームページを作成しています。今までホームページなんて作ったこともなく、実際にでき上がったものは素人丸わかり。

しかし、ＳＮＳだけでは発信できないことをホームページに記載することにより、より多くの情報をまとめて、分かりやすく伝えることができます。

それだけでなく、「ホームページがあること=安心できるサロン」だと思っている方もまだまだ多くいらっしゃいます。

さて、SNSで発信をする際のポイントをお伝えします。

それは、**万人受けする内容を発信するのではなく、ターゲットを絞る**、ということです。「もうすぐ結婚する◯◯さん」「最近マスク荒れに悩んでいる××くん」など、特定の人物を想定して発信すると内容が具体化され、自然と引き付けられ、伝わりやすい投稿へと変わります。

「SNSはよくわからない」「ネットは苦手」という方もいるかもしれません。

しかし、何もしないままでは成長しません。

自分にできることを増やし、スキルを身につけていくことで自分の可能性はいくらでも広げることができるのです。

episode

3

これから私が目指すもの

自身のブランド化

「自分自身のブランド化」これが私の夢です。

「誰もが知っているような有名人になりたい」ということではありません。「この人に会いたい。だからこのサロンに通いたい」そう思ってもらえるような人物になることを目指しています。お客様から良い評価をいただけることは、私にとって最大の喜びです。

私はこれまでにたくさんの人と出会い、その中でも尊敬する方や憧れる方にも多々巡り合うことができました。

だからこそ、私も誰かの目標でありたい、誰かの夢でありたいと、そう思うのです。

「水野愛」という人物に価値が生まれブランド化できるように、私はこれからも学び続け、成長し続けます。

さいごに

私は何も特別なことはしていません。ただ、**当たり前のことを当たり前にやり、自分にできることは諦めずに全力で取り組んできました**。二度も大学を卒業したり仕事がいくつも変わったりしたため、端から見ればふらふらしているように思われていたかもしれません。実際に、嫌な言葉を投げかけられたこともあります。

ただ、どんな時でも私は自分に自信がありました。

なぜなら、**自分の決断や行動が自分にとっての「良い未来」になると、信じていたから**です。

よく、「こうなったらどうしよう…」と、過度な不安を抱く方がいらっしゃいますが、不安を口に出してしまうと、自分で自分の不安をさらに煽ってしまうことになります。

悪いイメージが膨らみ、行動もその想像に引っ張られ現実となってしまうこともあります。そのため、**行動した先の良い状態や良い未来をイメージする**ことだけを心がけてみてください。そうすることで、自身の決断や行動に自信を持てるようになるでしょう。

自分の可能性や限界を自分で決めてはいけません。
もちろん、他人が決めることでもありません。
仮に、他人から「あなたには無理だ」と決めつけられたとしても、それは過去の自分への評価です。これから起こす自分の行動は、他の誰にも決めることはできません。

行動したその先にある「自分の一番良い姿」を、一度目を閉じて想像してみてください。

人間は学び続ける生き物であるからこそ、学ぶことや向上心を持つこと、そして何よりも夢を持つことで成長し続けることができると、私は信じています。

今読んでくださっているあなたが、これからの人生で迷い、立ち止まることがあったら、あなたの良い未来を切り開くための「道標」として、または勇気が足りないときには「背中を押す言葉」として、この本をもう一度読んでみてください。
あなたにとって「より良い未来」に繋がりますように…。

【個人】

【サロン】

Webサイト

これからどう生きるか

あとがき

最後まで本書を読んでくださり、本当にありがとうございます。

２０名の著者の「今」の姿だけを見れば、「この人たちだからできたんじゃないの？」と思うかもしれません。本書を読んでみるとその印象が変わったと思います。あなたと同じように悩んでいた時もあったのです。そんな状況を変えるために自分で決意し、行動したのです。

現状を変えるためにはお金・時間・人間関係などを一時的に犠牲にしなければならないこともあります。でも、それを言い訳にして行動できなければ、いつまで経っても何もせずに時間だけが刻一刻と過ぎてしまいます。

人生は一度きりしかありません。

そして、**人生を変えるのはあなたが感じた「今」しかない**のです。

本書の中で、複数の著者が似た内容を述べている箇所がいくつかあります。それは成功の原則だと思ってください。一方で、違うことを言っている箇所は、人によってタイプがあることの表れです。**あなたと全く違う人を真似するよりも、あなたと似ている人の考え方・仕事・行動を参考にする方が、結果の出るスピードは上がります。**

最後にお願いがあります。

２０名の著者の中で、あなたと似たような境遇だった人、性格やタイプが似ていそうな人、生き方や考え方に憧れる人、仕事内容に興味が湧いた人には、勇気を出して最低でも一人には連絡してみてください。２０名全員でも構いません。大切なことは、本書を読み終えた「今から」あなたがどんな行動をするかです。

このまま本を閉じて仕事に行ったり、ＳＮＳをチェックしてみたり、いつもと同じ行動をしてしまうと、今までの生活に戻ってしまいます。せっかく時間をとって本書を読んだ行動が無駄になってしまうのです。

本を閉じた瞬間にまずは著者に連絡してみてください。あなたの人生はその行動一つで大きく変わります。

もしかしたらあなたは今コロナの影響を受けて、辛い状況に立たされているかもしれません。こんな状況だから一歩踏み出したくても、なかなか勇気が出ないかもしれません。

それはみんな同じです。ここでみんなと同じ行動をしていては突き抜けることはできません。**今コロナで混沌としている状況だからこそ、一歩踏み出す人と踏み出せない人に大きな差が生まれていきます。**

あなたには20名の著者のように、自分を信じて勇気を振り絞り、一歩踏み出す人であってほしいと願っています。

「自分にもできるかな」と、まだ今は自信がなかったとしても、諦めさえしなければ絶対にできます。大丈夫です。自分を信じてください。

あなたなら大丈夫。絶対にできる。

Ｒａｓｈｉｓａ出版（ラシサ出版）編集部

p 383

ひとり起業家
大辞典

2021年7月16日 初版第1刷発行

著者 Rashisa出版（編）

たつみん・あお・あや社長・生松圭悟・泉雄亮・凛
おのだまーしー・森谷和正・加藤薫・キメラゴン
西島隆弘・藤野淳吾・須賀龍平・須田しょうま・刀禰毅
中村誠・はっせー・ふっさん・前川雅治・水野愛

発行者 Greenman
編集者 Greenman
ライター 檜垣葵・松村さやか
装丁デザイン 兼松エリ
本文デザイン 兼松エリ
発行所 Rashisa出版（Team Power Creators株式会社内）
〒558-0013 大阪府大阪市住吉区我孫子東 2-10-9-4F
TEL：080-5330-1799
発売 株式会社メディアパル（共同出版者・流通責任者）
〒162-8710 東京都新宿区東五軒町 6-24
TEL：03-5261-1171

印刷・製本所 株式会社堀内印刷所

ISBNコード：978-4-8021-3264-0　Cコード：C0034